정리 플래너

Title of original English edition:
Organize now by Jennifer Ford Berry ⓒ 2008 NORTH LIGHT BOOKS an imprint of F+W Media, Inc.,
4700 East Galbraith Avenue Cincinnati, Ohio 45236 U.S.A,
All rights reserved.

Korean Translation copyright ⓒ 2009 Tree Power station., Seoul.
The Korean edition was published by arrangement with North Light Books-an imprint of F+W Media,
Inc. through Literary Agency Greenbook, Korea

이 책의 한국어판 저작권과 판권은 저작권 에이전시 그린북을 통한 저작권자와의 독점 계약으로
도서출판 나무발전소에 있습니다. 저작권법에 의해 한국 내에서 보호를 받는 저작물이므로
무단 전재와 무단 복제, 전송, 배포 등을 금합니다.

일 잘하는 사람들의 초간단 정리법

정리 플래너

제니퍼 베리 지음 | 안진이 옮김

일 잘하는 사람들의 초간단 정리법
정리 플래너

초판 1쇄 발행 2009년 12월 1일
초판 5쇄 발행 2012년 9월 30일

지은이 | 제니퍼 베리
옮긴이 | 안진이
펴낸이 | 김명숙
펴낸곳 | 나무발전소
기획 · 편집 | 원미연
디자인 | 이여비

등록 | 2009년 5월 8일(제313-2009-98호)
주소 | 서울시 마포구 합정동 205-7 서림빌딩 9층
이메일 | tpowerstation@hanmail.net
전화 | 02)333-1962
팩시밀리 | 02)333-1961

ISBN 987-89-962747-3-5 13320

싫증 난 물건이 있다면 그것을 진정 아껴줄 사람에게 보내
더 행복한 관계 속에서 새로 태어나게 하자.
그러면 우리의 생활은 단순해지고 집은 깔끔하게 정리된다.
그것이야말로 열린 마음으로 최적의 풍요를 추구하는 길이다.

— 사라 반 브레스닉, 《단순한 풍요로움》 중에서

지은이의 말

정리로부터 자유로워지자

저는 어릴 때부터 정리하기를 즐겼습니다. 하지만 항상 정리된 상태로 생활하는 것은 저에게도 쉬운 일이 아닙니다. 이 책을 쓰는 동안에도 두 아이를 키우며 집안 살림을 하고, 사업을 하고, 딸아이의 학교에서 보낸 서류를 작성하고, 청구서를 처리하고, 자원봉사 활동을 하고, 전국에 흩어져 사는 가족과 친구들을 만나야 하거든요. 가끔은 손가락 하나만 탁 튕기면 정리의 요정이 나타나 모든 물건을 제자리에 돌려놓아 주었으면 하기도 합니다. 하지만 현실 세계에서는 정리된 상태를 유지하려면 많은 노력이 필요하지요.

집필을 시작했을 때만 해도 정리전문가다운 어조로 써야겠다고 마음먹고 있었습니다. 그러다가 애초에 이 책을 쓰기로 마음먹었던 이유를 떠올렸어요. '사람들이 생활을 정리하는 데 도움이 되는 단순명쾌한 책이 필요하다고 생각하지 않았던가?' 서점에 가보면 정리법에 관해서 단락에 단락을 이어가며 장황한 충고를 늘어놓는 책이 너무나 많아요. 그러나 늘 시간 부족에 시달리는 현대인들은 삶을 효과적으로 정리하는 방법을 최대한 간결하게 알려주는 책을 원하고 있습니다.

이 책은 정리하는 데 드는 수고를 덜어주지는 않습니다. 대신 빠르고 간결하고 명료하며 따라 하기 쉬운 지침과 항상 정리된 상태를 유지하는 요령을 알려줍니다. 두 아이의 엄마이자 아내이자 사업가로 살다가 이제 책까지 쓰게 된 저는 시간이 얼마나 귀중한지 잘 알고 있기 때문에 길게 설명을 늘어놓아 독자 여러분의 시간을 허비할 생각은 없답니다. 다만 실제 정리하는 과정이 수월해지도록 내용을 7개의 큰 단원으로 나누었습니다. 나의 삶, 서류, 물건, 주요 생활공간, 사적인 공간, 수납공간, 특별한 날이 그것입니다.

이 책은 1주일 단위로 간단한 과제를 제시합니다. 일단 하나의 과제를 완수하는 데 집중하고 나서 다음 과제로 넘어가기를 권장합니다. 하나하나가 아기의 걸음마와 같은 과정이기 때문에 여러분 각자의 페이스대로 전진하면 됩니다. 주별로 목표를 달성하는 데 도움이 되는 팁도 함께 수록했습니다. 팁이 유용하다는 생각이 들면 행동에 옮기되 적절하지 않다고 생각되면 여러분에게 맞는 방법으로 목표를 만들어 달성하면 됩니다. '나에게 어떤 정리가 필요한지 나보다 더 잘 아는 사람은 없다' 라는 사실을 명심하세요.

각자에게 필요한 방식대로 이 책을 활용하세요. 처음부터 끝까지 순서대로 따라가도 좋고, 여러분의 삶에서 가장 골치 아픈 부분들을 먼저 해결하면서 획획 넘어가도 좋아요. 단, 해결하고 나서 방치해두면 도루묵이 되고 맙니다. 매월, 3~6개월, 1년 단위로 체크해주고 다시 정리하기를 반복해야만 정리된 상태를 유지할 수 있습니다.

독자 여러분이 이 책을 통해 삶의 무질서라는 짐을 내려놓기를, 그리하여 진정한 자아를 발견하고 새로운 목표를 세워 새롭게 출발하기를 기원합니다.

CONTENTS

지은이의 말 ◆ 정리로부터 자유로워지자 · 06
정리의 기초 ◆ 필요한 물건은 바로 찾을 수 있고 모든 계획은 예정대로 끝낸다 · 12

Part 01　나부터 신속하게 정리하기

01 머릿속 잡동사니 ◆ 무엇이 나를 가로막고 있는가? · 30
02 목록 ◆ 20%는 비워두고 계획을 짠다 · 34
03 우선순위 ◆ 나에게 중요한 일은 무엇인가? · 38
04 청소 ◆ 매일 저녁 15분간 주변을 정리정돈한다 · 42

Part 02　서류 정리하기

05 개인정보 ◆ 개인정보가 생성될 때마다 분류하여 보관한다 · 48
06 재무 관련 서류 ◆ 수입과 지출을 하나의 목록으로 정리한다 · 52
07 청구서 ◆ 무엇을 보관하고 버릴 것인가 · 56
08 영수증 ◆ 소득공제용 영수증은 따로 보관한다 · 60
09 서류 ◆ 인터넷에 있는 정보는 버리자 · 64
10 전자우편 ◆ 스팸메일은 도착하기 전에 차단한다 · 68
11 우편물 ◆ 불필요한 광고 우편은 즉석에서 버리자 · 72

Part 03 물건 정리하기

12 자동차 ◆ 정비소는 한 군데만 이용한다 · 78
13 식료품 ◆ 80/20법칙을 적용한다 · 82
14 의약품 ◆ 자주 복용해야 하는 약 목록은 냉장고에 붙여둔다 · 86
15 가방 ◆ 가지고 다니는 물건의 개수를 줄이자 · 90
16 사진 ◆ 최근 사진부터 오래된 순서로 분류한다 · 94
17 장남감 ◆ 개수를 제한해야 알차게 사용한다 · 98
18 아이과제물 ◆ 아이에게 '추억상자'를 만들어 준다 · 102
19 레시피 ◆ 요리 양을 두 배로 늘려서 바쁜 날 이용하자 · 106
20 애완동물 ◆ 신상 정보를 기록한 수첩을 만든다 · 110
21 취미용품 ◆ 비슷한 물건끼리 보관하고 라벨을 붙인다 · 114

Part 04 생활공간 정리하기

22 현관 ◆ 신발류는 사용빈도에 맞춰 수납한다 · 120
23 거실 ◆ 용도에 맞게 물건을 배열한다 · 124
24 아이방 ◆ '압류코너'를 만들어 스스로 정리하게 한다 · 128
25 육아실 ◆ 유아용으로 전환할 수 있는 가구를 고른다 · 132
26 침실 ◆ 집안 일을 떠올리게 하는 물건은 치운다 · 136
27 주방 ◆ 1주일 내내 쓸 물건만 남겨 놓자 · 140
28 식당 ◆ 자주 쓰는 식기는 꺼내기 쉬운 자리에 둔다 · 144
29 세탁실 ◆ 틈틈이 세탁기를 돌리자 · 148
30 욕실 ◆ 세면, 위생, 화장, 휴식의 장소로 한정하자 · 152

Part 05 사적인 공간 정리하기

31 나의 옷장 ◆ 옷걸이는 한 방향으로 통일한다 · 158

32 아이 옷장 ◆ 서랍 한 칸에 한 종류의 옷만 수납한다 · 162

33 보석과 장신구 ◆ 착용할 때 기분이 좋아지는 장신구만 남긴다 · 166

34 책상 ◆ 효율적인 홈오피스 공간을 만들자 · 170

35 책, CD, DVD ◆ 읽은 책이 목록을 컴퓨터에 저장하자 · 174

36 잡지와 신문 ◆ 나에게 필요한 기사는 즉석에서 오려내자 · 178

37 기념품 ◆ '지금도' 의미있는 것만 남긴다 · 182

Part 06 수납공간 정리하기

38 이불장 ◆ 모든 물건이 한 눈에 보이는가 · 188

39 주방수납장 ◆ 1년 내내 쓰지 않는 물건은 치운다 · 192

40 냉장고 ◆ 오래된 것은 앞쪽, 새로 산 것은 뒤쪽에 둔다 · 196

41 지하실 ◆ 습기가 침투하지 않는 수납함이 있는가? · 200

42 다락방 ◆ 화재위험이 있는 물건은 치운다 · 204

43 창고 ◆ 자주 쓰는 물건은 개방된 선반 위에 둔다 · 208

44 정원 ◆ 관리할 수 있을 만큼 가꾼다 · 212

Part 07 특별한 날 계획하기

45 기념일 ◆ 간소하게 치르자 · 218
46 파티 ◆ 추억을 만드는 일에 집중하자 · 222
47 여행 ◆ 옷은 절반만 가져간다 · 226
48 이사 ◆ 하나의 상자에는 한 방에 있던 물건만 담는다 · 232
49 개학 ◆ 가족 달력을 만들어 서로의 일정을 공유한다 · 236
50 출산 ◆ 모성이라는 강력한 에너지를 활용하자 · 240
51 안전대책 ◆ 화재가 발생했을 때 모일 장소를 정한다 · 244
52 고인의 유품 ◆ 정리할 준비가 될 때까지 기다린다 · 248

찾아보기 · 251

정리의 기초

필요한 물건은 바로 찾을 수 있고
모든 계획은 예정대로 끝낸다

어수선한 삶은 에너지를 빼앗아 간다

우리의 삶에는 날마다 새로운 일이 생기기 때문에 조금만 방심하면 금방 뒤죽박죽이 되지요. 어수선한 삶에서 벗어나는 몇 가지 요령을 소개합니다.

- **나에게 적합한 방법을 선택한다.**
  이 책에 나오는 방법은 하나의 제안에 불과합니다. 스스로 꼼꼼한 성격이 아니라고 생각한다면 굳이 세심한 정리 시스템을 마련하려고 애쓸 필요가 없어요. 각자 자기에게 잘 맞는 시스템을 만드세요. 예컨대 집에 오자마자 부엌 식탁 위에 열쇠를 던져놓는 습관이 있어서 도무지 열쇠 걸이에 열쇠를 거는 습관을 들이지 못할 것 같으면 식탁 위에 예쁜 바구니나 그릇을 올려놓고 열쇠를 보관하세요. 무엇보다 물건들을 제자리에 갖다놓기가 편해야 합니다. 내 습관에 맞는 정리법을 선택하세요.

- **계획을 너무 빡빡하게 세우지 않는다.**
  일이 예상보다 오래 걸리거나 갑자기 볼일이 생길 경우를 대비해 여유 시간을 두세요. 그리고 잠깐이라도 휴식 시간을 가지면서 숨을 돌리세요.

- **날을 잡아서 밀린 일을 보충한다.**
  집 안 청소든 업무든 간에 목록에 올라 있는 일이 늦어지고 있으면 하루나 이틀을 비워서 해치우세요. 계획한 일을 다 해낼 때까지 꾸준히 노력하세요.

- **시작한 일은 반드시 끝낸다.**
  마무리하지 못한 임무와 계획이 머리 한구석에 남아 있으면 기분이 우울해집니다. 일을 다 끝내야만 인정받을 수 있고 임무를 완수했다는 성취감도 얻는다는 사실을 잊지 마세요.

- **수납공간을 늘릴 방법을 모색한다.**
  가구를 새로 살 때면 반드시 수납공간을 확인하세요. 목적에 맞거나 다용도로 쓸 수 있으며 공간을 최대한 적게 차지하는 가구가 좋습니다.

- **플래너를 이용하여 계획한다.**
  깔끔하게 정리된 상태를 계속 유지하는 방법으로 플래너를 사용해보세요. 큰 맘 먹고 집안 구석구석을 정리했는데 금방 엉망진창이 된다구요! 사람의 기억이 유한하니 끊임없이 메모해야 합니다. 1달, 6개월, 1년 단위로 정리된 상태를 점검하세요. 중요한건 자신만의 정리시스템을 갖는 것입니다.

정리도 연습이 필요하다

무엇이든 어질러져 있으면 좋지 않은 것은 당연한 이야기입니다. 하지만 구체적으로 어떤 문제가 생기는지 따져본 적 있나요?

- 무력감을 느끼거나 우울해질 수 있다.
- 에너지를 낭비하게 된다.
- 수납공간이 반으로 줄어든다.
- 생활이 피곤하다. 물건 하나를 찾으려 해도 더 멀리까지 이동하고 더 깊숙한 곳까지 뒤져야 한다.
- 청소하는 시간이 길어진다.
- 비용이 많이 든다. 필요한 물건을 제때 찾지 못하면 매번 새로 사게 될 뿐만 아니라 불필요한 물건들을 보관하느라 보관료가 따로 들어가기도 한다.
- 생각도 복잡해진다.
- 자의식에 부정적인 영향을 미친다. 심지어는 자신이 깔끔하지 못하다는 사실 때문에 죄책감을 느끼기까지 한다.
- 인간관계에도 지장이 있다. 집이 지저분하면 친구와 친지의 방문을 자꾸 미루게 된다.
- 가정의 안락과 아름다움을 누리지 못한다.

정리란 사실 무척 부담스러운 일입니다. 하지만 물건들이 마구 쌓이도록 내버려두면 나중에는 결국 그것들이 우리의 에너지를 고갈시킬 것입니다. 잠시 시험을 해볼까요? 집에서 가장 어질러진 곳을 머릿속에 그려보세요. 기분이 어떤가요? 스트레스를 받나요? 중압감을 느끼나요? 기분이 우울해지나요? 주변을 정리하면 감정 상태도 개선되고 육체적으로도 편해질 거예요.

정리하는 일에 쏟을 에너지가 없다고 흔히들 말하지요. 그것은 바로 어수선한 삶이 에너지를 빼앗아가기 때문입니다. 추운 계절처럼 활동력이 왕성하지 않은 시기에는 주변이 어질러질 확률이 더욱 높습니다. '봄 대청소'라는 말도 그래서 생긴 것이 아닐까요? 봄이 오면 새로운 생명과 시작의 기운이 충만하고 사람들도 재충전하는 느낌을 받잖아요. 여느 때보다 에너지가 많아서 어수선한 집과 사무실을 치우고 새 출발을 하려는 의욕이 솟지요.

어질러진 것들을 치우고 삶을 정리하면 에너지가 솟아나고 정신이 고양됩니다. 또 삶에 여유가 생기기 때문에 더 좋은 일, 더 긍정적인 경험을 받아들일 수 있습니다. 필요한 물건을 바로 찾을 수 있고 모든 계획과 임무를 예정대로 끝낼 수 있습니다. 어떤 일이나 다 그렇지만 정리도 연습이 필요해요. 연습을 많이 할수록 정리는 쉬워집니다. 외적 환경이 깔끔하게 정돈된 사람은 자기 내면을 가꾸는 일이나 소중한 사람들과 시간을 보내는 일에 매진할 수 있어요.

어수선한 삶의 심리학

물건을 처분하는 일은 절대 쉽지 않습니다. 시간이 꽤 걸리는 힘든 일인데다 어디서부터 시작해야 할지 막막하거든요. 저는 원래 변화를 좋아하는 성격이지만 대부분의 사람들은 변화를 그다지 좋아하지 않는 듯합니다. 제 남편과 형제들만 해도 변화를 싫어하거든요. 그런 경우에는 다른 사람의 도움을 받는 것도 좋은 방법이에요. 여러분의 삶을 변화시켜줄 도우미를 찾아보세요. 너저분한 집을 남에게 보여주는 것을 겁내거나 창피해하지 말고 친구에게 전화해서 정리를 도와달라고 부탁하세요. 한 번쯤 전문가의 도움을 받는 것도 고려해 보세요.

영국의 풍수연구가 캐런 킹스턴Karen Kingston은 《아무것도 못 버리는 사람》이라는 책에서 다음과 같이 이야기합니다. "삶은 끊임없이 변화한다. 새로운 물건이 당신의 삶 속에 들어오면 그것을 즐기고 잘 활용하되 때가 되면 미련 없이 놓아주어라. 어떤 물건이 지금 당신 손에 있다고 해서 그게 영원히 당신 소유라는 법은 없다. 당신은 삶을 살면서 만나는 수많은 물건의 임시 관리인일 뿐이다."

의식하든 못하든 간에 우리는 우리가 가진 모든 물건과 관계를 맺고 있습니다. 우리가 소유한 모든 물건은 어떤 사람이나 사건, 시간과의 연결고리가 되기 때문이에요. 처분할 물건을 골라내는 과정은 각각의 물건과의 관계 속에서 그것이 우리의 삶에서 어떤 자리를 차지하는지 가늠해보고 앞으로 어떻게 할지를 결정하는 과정입니다.

지난 50년간 우리가 사는 주택의 평균 규모는 두 배 가까이 증가했습니다. 물론 평균소득도 함께 증가했습니다. 이러한 사실이 어수선한 삶과 무슨 관계가 있냐고요? 사람들이 돈을 많이 벌면서 소비를 늘리고 물건들을 잔뜩 사들여 넓은 집을 어지럽히고 있다는 이야기잖아요!

우리는 여러 가지 이유에서 불필요한 물건들을 쉽사리 놓지 못합니다. 무엇이든 간에 가진 것을 포기하려면 용기가 필요한 법이지요. 하지만 과거의 것을 처분하지 않으면 새로운 것이 들어올 자리를 만들 수도 없겠지요? 사람들이 물건을 처분하지 못하고 쌓아놓을 때 흔히 하는 변명과 그에 대한 반론을 들어볼까요?

● **정리 컨설턴트 모임** http://cafe.never.com/2010ceo

미국에서는 정리전문가 2,000명이 활동하며 '호더 hoarder'들을 돕고 있다. 호더란 쌓아두는 사람이라는 뜻으로 스트레스가 쌓이면 정리체계가 무너지는 사람을 부르는 말. 2009년 4월 국내 최초 정리 컨설턴트 모임이 발족하였다. 이 모임에서는 정리 컨설턴트 양성, 정리 습관 만들기 100일 프로그램, 정리 컨설팅 연구 등을 진행하고 있다.

물건을 처분할 수 없는 이유

- 감정적으로 애착이 있거든
  하지만 물건을 처분하고 나서도 추억은 계속 간직할 수 있답니다.

- 나중에 필요할 때를 대비해야지
  풍수 이론에 의하면 우리의 생각이 우리의 앞날을 결정한다고 해요. 어떤 물건을 없애면서 '이게 곧 필요할 텐데'라는 생각을 하면 실제로 그런 일이 발생할 가능성이 커집니다! 이 점을 유념하면서 현명하게 물건을 처분하세요. 나중에 이 물건이 다시 필요해질 때가 되면 세상이 우리에게 더 나은 걸 주리라고 믿어보세요.

- 광고에서 이게 필요하다고 하던데
  광고회사들은 우리에게 이런저런 물건이 필요하다는 메시지를 쉴 새 없이 쏟아냅니다. 나아가 그 물건을 사들이지 않으면 덜 행복할 거라는 논리를 주입하지요. 그래서 우리는 점점 더 많은 물건을 사게 됩니다. 무엇을 사라고 부추기는 광고를 볼 때마다 차분하게 물음을 던져보세요. '이 물건을 자주 쓰게 될까?' '이 물건에서 얻는 기쁨이 두 달 이상 갈까?' 둘 중 하나라도 긍정적인 대답이 나오면 살만한 가치가 있는 물건이겠지만 둘 다 부정적인 대답이 나온다면 1주일 내로 잊어버릴 물건이랍니다. 또한 물건을 소유한다고 해서 반드시 행복해지는 것도 아니에요. 쇼핑을 하면서 쾌감을 느낄 수는 있겠지만, 오래 지속되는 행복은 어떤 상품에서도 얻을 수 없습니다.

- 어릴 때부터 이렇게 살았는걸

  물질에 집착하는 부모 밑에서 자란 사람은 더욱 주의해야 합니다. 자녀에게 좋은 본보기를 보여주기 위해서라도 주변을 깔끔하게 정리하세요.

- 어수선하게 살아야 마음이 편해

  자기 내면을 깊숙이 들여다보는 게 싫어서 일부러 주변을 엉망으로 만들고 어질러진 환경에서 정신없이 살아가는 사람들이 간혹 있어요. 이런 경우에는 내면의 걱정거리를 먼저 해결해야 합니다. 속마음을 들여다보기가 두려우면 다른 사람에게 도움을 청하세요. 안전한 곳을 찾아가 이야기를 털어놓고 치유를 받으세요. 마음의 상처가 아물고 나면 정리에 정신을 집중할 수 있고 정리된 상태도 오래 유지될 겁니다.

- 돈 주고 산 건데 아깝잖아

  물건을 하염없이 가지고 있다고 해서 돈을 투자한 대가를 받는 건 아닙니다. 실제로 사용하지 않으면 그 물건은 우리에게 아무런 가치도 없어요. 불필요한 물건을 처분할 때는 과감하게 결단하세요. 인터넷과 위탁판매 업체를 이용하면 불필요한 물건을 쉽게 판매할 수 있고, 주변을 깨끗이 치웠다는 만족감과 더불어 얼마간의 돈도 벌 수 있습니다.

적을수록 좋다

많을수록 좋다는 거짓말에 속지 마세요. 많다는 건 그저 많은 것일 뿐 그 이상은 아닙니다. 잡동사니가 더 많고, 치울 게 더 많고, 채워진 공간이 더 많다는 것뿐입니다.

- 가진 게 적을수록 지금 가진 물건을 더 많이 쓰게 된다.
- 내 손에 들어오는 게 적을수록 지금 가진 물건에 더 관심을 두게 된다.
- 가진 게 적을수록 효율적이다. 물건을 찾는 데 시간을 적게 들이기 때문이다.
- 권한이 적을수록 더 많은 걸 포기할 수 있다.
- 가진 게 적을수록 에너지를 더 많이 얻는다. 물건을 돌보는 일에 에너지를 덜 빼앗기기 때문이다.
- 가진 게 적을수록 새로 생기는 물건을 놓을 공간이 많다.
- TV를 보는 시간이 적을수록 하고 싶은 일들을 할 시간이 늘어난다.
- 가진 게 적을수록 집이 안전해진다. 물건이 지나치게 많으면 화재의 위험이 커지고 언제든지 사고가 날 수 있다.
- 가진 게 적을수록 청소하는 데 시간이 적게 든다.
- 가진 게 적을수록 보관에 드는 비용이 줄어든다.
- 가진 게 적을수록 생활 속 쓰레기를 처리하는 일 대신 중요한 일에 집중할 수 있다.

동기를 부여하다

이제 우리는 엄청난 일, 어쩌면 두려울 수도 있는 일을 시작하려 합니다. 정리를 하다가 힘들어져도 포기하지 않고 계속하기 위한 요령을 몇 가지 소개할게요.

- 과제를 달성하고 나서 자신에게 어떤 보상을 할지 정해놓는다. 보상은 자주 해도 상관없다. 매주, 매달, 혹은 6주 간격으로 목표를 세우고 완수하자.
- 일단 덤벼들고 본다! 삶의 한 가지 영역을 정리하고 나서 기분이 좋아지면 다른 영역도 정리하고 싶어지게 마련이다.
- 친구 한두 명에게 권해서 함께 정리한다. 그러면 서로에게 진척 상황을 보고하면서 의욕을 북돋아줄 수 있다.
- 정리 작업을 할 때 좋아하는 음악을 틀어놓는다.

새로운 공간 창출하기

우리의 집은 복잡하고 스트레스가 심한 세상으로부터 몸을 피할 수 있는 안식처가 되어야 합니다. 집에서 어떤 방을 정리하려면 먼저 식구들이 그 방을 어떻게 쓰는지 생각해보세요. 그 방에서 어떤 활동을 하나요? 침실에서 잠을 자고 주방에서 요리하는 것처럼 당연한 활동도 그냥 지나치지 마세요. 옷을 갈아입고 숙제를 하고 서류를 작성하는 것과 같은 부수적인 활동도 염두에 두시고요. 우리가 어떤 방에서 무엇을 하는지 알면 그 방에 있어야 할 물건이 무엇인지 파악할 수 있습니다. 방의 용도와 무관한 물건이

방 안에 있다면 그것은 반드시 필요한 물건이 아니라 잡동사니일 따름이지요. 이런 식으로 생각하면 처분할 물건을 가려내기가 편해요!

현재 방 안에 무엇이 있는가에 구애받지 말고 사고의 폭을 넓히세요. 가족의 필요에 맞게 방의 용도를 변경할 수 있나요? 침실보다 작업실로 쓰는 게 나을까요? 그렇다면 주저 없이 바꾸세요. 우리의 머릿속에는 부모의 견해와 전통과 사회적 통념에 근거해 어릴 때부터 형성된 고정관념이 있습니다. 하지만 성인이 돼서까지 어린 시절의 고정관념에 의존해서 집의 공간 활용을 결정할 이유는 없지요. 요즘은 독특하게 꾸민 집도 많고 개성 있는 수납 방법도 많잖아요. 여러분에게 맞는 방식을 찾기만 하면 됩니다. 손님 10명의 식사를 차릴 그릇이 꼭 집에 있어야 할까요? 거실을 반드시 틀에 박힌 형식으로 꾸며야 할까요?

망설여지면 처분하라

정리는 언제나 버리는 일에서 시작됩니다. 원하지 않는 물건을 처분하려면 여러분이 원하는 것이 무엇인지 찬찬히 생각해보아야 해요. 다음과 같은 경우에는 물건을 처분하는 것이 바람직합니다.

- 1년 이상 사용하지 않았거나 마음에 들지 않는 경우
- 물건 일부가 망가지거나 없어졌는데 고치지 않고 있는 경우
- 크기나 용량이 맞지 않는 경우
- 착용 또는 활용이 불편한 경우

어떤 물건을 처분한다는 건 말 그대로 여러분의 삶에서 '삭제'한다는 뜻입니다. 물건을 처분하는 몇 가지 방법을 소개할게요.

- 자선단체에 기부한다.
- 위탁판매 업체나 인터넷에서 판매해 부가적인 수입을 올린다.
- 친척이나 친구에게 준다. 물론 그 물건을 좋아하거나 요긴하게 쓸 사람이어야 한다.
- 물건을 재활용하여 친환경적 삶을 실천한다.
- 상태가 형편없는 물건이면 가차없이 쓰레기통에 버린다.

할머니가 50년 동안 살던 집을 정리하는 일을 가족들과 함께 거든 적이 있어요. 새로 이사갈 집이 좁기 때문에 고인이 된 할아버지의 물건을 다 가져갈 수 없다는 것이 할머니에겐 무척 힘든 일이었지요. 할머니는 가지고 있던 물건 일부를 일가친척들에게 나누어주면서 저의 남편에게도 몇 가지를 주셨습니다. 남편은 우리 할아버지와 마찬가지로 치안 분야에서 일하기 때문에 그 물건들을 소중히 간직하고 있지요. 우리 아이들이 자라면 그 물건들을 다시 물려줄 생각이라고 합니다.

좀처럼 입지 않는 스웨터를 친구가 정말로 마음에 들어 한다면 그 친구에게 선물하세요. 그러면 친구는 날아갈 듯 기뻐할 거예요. 그 스웨터를 다시 입고 싶은 마음이 든다면 친구가 빌려줄 테니 걱정하지 마세요. 자녀나 가까운 지인이 살림을 시작할 예정이라면 여러분이 구석에 처박아두고 쓰지 않는 접시 세트나 그릇을 쓸 생각이 있는지 물어보세요.

물건을 기부하다

기부는 삶의 군더더기를 제거하는 훌륭한 방법입니다. 물론 기부하려는 물건은 상태가 무난하거나 좋은 편이어야 합니다. 전자제품의 경우 원활하게 작동해야 하고, 장난감과 게임 도구와 퍼즐은 모든 조각이 다 있어야 하며, 의류는 구멍이나 찢어진 곳이나 눈에 띄는 얼룩이 없어야 해요. 쓰레기통으로 가야 할 물건을 기부해서 자선단체의 귀중한 그리고 대개는 부족한 일손을 낭비하게 하지 마세요. 또한 무작정 물건을 전달하지 말고 기부하려는 품목을 그 자선단체가 받는지 미리 확인하세요.

기부를 하면 이런 좋은 점이 있지요.

- 물건을 차에 싣고 가서 내려놓고 오기만 하면 된다. 따라서 불필요한 물건들을 신속하게 처분할 수 있다.
- 일부 자선단체와 각 구 재활용센터에서는 가전제품과 가구처럼 부피가 큰 물품을 직접 수거해가기 때문에 처분하는 사람 입장에서도 편하다.
- 기부 공제를 받을 수 있다.
- 그 물건을 필요로 하는 누군가를 도왔다는 보람을 느낀다.

- **아름다운가게** www.beautifulstore.org

  우리 사회의 생태적·친환경적 변화에 기여하고, 국·내외 소외계층 및 공익활동을 지원하는 비영리 공익법인으로 재사용 자선가게, 자선·나눔사업, 공정무역, 재활용 디자인 사업 등을 진행한다. 기부하고자하는 물건을 직접 가져가거나 전화로 신청하면 수거해가기도 한다.

물건을 판매하는 방법

물건을 판매하는 방법에는 여러 가지가 있습니다. 어떤 방법을 쓰든 주변을 깔끔하게 정리하는 데 도움이 되겠지요. 여러 가지 판매 방법과 각각의 장점을 살펴봅시다.

- 위탁판매 업체

    위탁판매 업체에 의뢰하면 의류, 장난감, 가구 등 다양한 물건을 판매할 수 있습니다. 판매할 물건은 새것이거나 새것에 가깝거나 상태가 좋은 중고여야 해요. 의류는 브랜드 제품만 취급하는 업체가 많습니다.
    - 위탁판매를 하면 직거래장을 마련해 직접 판매하는 것보다 신경쓸 일이 없어 좋다.
    - 꼬리표를 붙이고 가격을 매기는 일을 위탁판매 업체가 대행하기 때문에 시간이 절약된다.
    - 일정 기간 직거래 장소에 있지 않고도 물건을 팔아 돈을 벌 수 있다.
    - 팔리지 않은 물건을 직접 처리하지 않아도 된다.
    - 판매 대금을 받아서 나에게 필요한 다른 물건을 살 수도 있다.
    - 광고비가 들지 않는다.

- 온라인 경매 사이트

    온라인 경매 사이트에 수수료를 내고 물품을 등록하면 일정 기간 판매할 수 있습니다. 약간의 배송료만 지불하면 전국 어디에서나 판매할 수 있고, 외국에 있는 사람에게도 판매할 수 있습니다.
    - 컴퓨터 앞에 앉아 손쉽게 판매할 수 있다.

- 물건이 많은 사람들에게 노출된다.
- 지역에서 판매할 수 없는 물건을 팔기에 좋다.

- 집 앞 차고 세일

    물건을 대량으로 처분해야 하는 경우를 제외하면 차고 세일은 추천하고 싶지 않은 방식입니다. 차고 세일을 하려면 개인 시간을 많이 투자하는 데 비해 손에 들어오는 돈은 적기 때문입니다. 더욱이 물건 가격을 아무리 낮춰도 손님들은 값을 더 깎으려고 승강이를 벌이기 일쑤지요. 차고 세일을 할 생각이 있다면 우선 다음과 같은 질문들을 던져보세요.
    - 홍보를 충분히 했는가? 50명 이상이 온다고 자신할 수 있는가?
    - 내가 매긴 가격이 적당한가? 가격이 너무 높으면 잘 팔리지 않고, 가격이 너무 낮으면 판매에 들이는 시간이 아까울 것이다.
    - 사람들이 돈을 내고 살 만한 물건인가? 그냥 쓰레기통에 버려야 할 물건은 아닌가?
    - 판매를 하려는 시점의 일기예보를 확인했는가?
    - 팔리지 않은 물건은 어떻게 할 것인가?

- 온·오프라인 벼룩시장

    온·오프라인에서 중고물품을 판매할 수 있는 방법은 다양하다. 온라인 경매 사이트(옥션, 지마켓, 11번가 등)나 포털사이트의 중고까페(네이버 '중고나라' 등)의 벼룩시장 코너나 인터넷 위탁판매 업체(모아플라자 등)를 활용하면 편리하다. 가구나 가전제품은 구마다 있는 재활용센터를 이용하고, 각 구청에서 정기적으로 운영하는 벼룩시장에 참여하는 것도 방법이다.

친환경적 '정리'

요즘에는 너도나도 친환경을 외칩니다. 하지만 '정리' 자체가 친환경적인 삶에 이르는 한 가지 방법이라는 생각을 해본 적 있나요? 지구를 살리기 위해서 우리 모두 정리를 열심히 합시다.

이 책에는 정리에 도움이 되는 동시에 환경보전에도 이바지하는 정리법이 군데군데 수록되어 있습니다. 나뭇잎 모양 아이콘 🍃이 붙어 있는 것이 친환경적인 정리 팁이랍니다. 일상생활 속에서 다음과 같은 방향으로 노력하면 조금이나마 환경보전에 보탬이 될 수 있습니다.

🍃 절약 Reduce

전력을 소모하는 가전제품의 플러그를 모두 멀티 탭으로 옮겨 에너지 사용량을 줄여보세요. 하루 이상 집을 비울 때는 멀티 탭 스위치를 차단하세요. 플러그만 꽂혀 있는 가전제품이 가정에서 소비하는 에너지의 5~13%를 차지한다는 사실을 아시나요? 플러그가 꽂혀 있는 가전제품은 전원이 꺼져 있더라도 항상 대기 상태가 되므로 전기를 소모합니다. TV와 DVD 플레이어, 오디오와 에어컨 등이 모두 그렇지요. 멀티 탭을 이용해 에너지를 절약하면 환경보전에 도움이 될 뿐 아니라 전기료도 줄일 수 있어요.

🍃 재사용 Reuse

생활공간을 정리할 때는 현재 있는 물건 중 수납에 활용할 만한 게 없는지 살펴보세요. 예컨대 잡지를 정리해야 한다면 잡지꽂이를 새로 사지 말고 집에 있는 바구니를 꺼내 쓰는 거지요. 시리얼 상자를 잘라

활용하는 방법도 있지요. 길쭉한 깡통은 가위와 펜과 연필 따위를 꽂아놓는 데 쓰고, 신발 상자는 사진 정리와 보관에 활용해 보세요. 집에 있는 물건을 최대한 재사용하면 시간과 비용이 절약될 뿐만 아니라 집 안에 불필요한 물건이 늘어나지 않아 좋습니다.

재활용 Recycle

대부분의 물건은 기부와 위탁판매를 통해 재활용할 수 있습니다. 정리를 할 때마다 불필요한 물건을 모조리 쓰레기통에 던져 넣고 싶은 유혹을 이겨내세요. 나에게 더는 필요하지 않은 물건이 다른 누군가에게는 요긴한 물건일지도 모르잖아요.

제거 Remove

광고 우편을 보내기 위해 매년 9천만 그루의 나무가 잘려나간다는 통계가 있습니다. 불필요한 우편물을 받고 있으면 명단에서 빼달라고 요청하는 것만으로도 환경보호에 이바지하는 작은 걸음입니다.

재고 Rethink

우리의 생활방식과 소비습관을 돌이켜보고 쇼핑을 할 때는 의식 있는 소비자답게 행동하세요. 1+1에 현혹되지 말고, 상품에 붙여주는 보너스 상품이 정말로 필요한 물건인지 아니면 쓰레기만 더 늘어나게 될지를 신중하게 생각해서 구입하세요.

PART 01

나부터 신속하게 정리하기

01 **머릿속 잡동사니** ◆ 무엇이 나를 가로막고 있는가?

02 **목록** ◆ 20%는 비워두고 계획을 짠다

03 **우선순위** ◆ 나에게 중요한 일은 무엇인가?

04 **청소** ◆ 매일 저녁 15분간 주변을 정리정돈한다

무엇이 나를 가로막고 있는가?

머릿속 잡동사니

생각이 바뀌면 세상도 바뀐다는 말이 있지요? 맞는 말입니다. 다행히 우리가 마음만 먹으면 언제든지 생각을 바꿀 수 있어요. 때로는 생각을 달리하기만 해도 우리의 삶과 주변 환경이 완전히 새롭게 보이잖아요. 주변 환경은 우리 마음에 적잖이 영향을 미치기 때문에 정리된 삶을 살기 위해서는 우선 생각을 정리하고 어지러운 정신부터 가다듬어야 합니다.

모름지기 생각은 행동을 결정하며 감정과 일치합니다. 따라서 우리는 감정에 주목할 필요가 있어요. 우리가 스트레스를 받는 이유는 할 일의 목록이 길어서가 아니랍니다. 목록에 관해 느끼는 감정이 우리의 생각을 좌우합니다. 목록을 보면서 압박을 느낀다면 '이 일들을 언제 다 하나'라는 생각이 들 것이고, 그런 생각이 들기 시작하면 결국 일을 미루거나 아예 손을 놓아버릴 공산이 크지요.

어떤 일을 도저히 머릿속에서 지우지 못하겠다면 스스로에게 물어보세요. '무엇이 나를 가로막고 있는가?' '나는 왜 그 일에 매달리는가?' 어쩌면 물음에 답하는 과정에서 근본적인 문제를 발견할 수도 있겠지요. 그렇더라도 두려워하지 말고 문제와 씨름하세요. 자기 자신의 힘을 믿는다면 어떤 어려움이든 극복할 수 있으니까요. 더 행복한 삶을 살기 위해, 생각도 말도 긍정적으로 하세요.

이번주 할 일

- [ ] 매일 일곱 시간 이상 수면을 취한다. 불가능한 일이라는 생각이 든다고? 그렇다면 수면에 더 높은 우선순위를 부여하고 일정을 재조정해야 한다. 나에게 꼭 필요한 휴식을 포기할 만큼 중요한 일이 대체 무엇이란 말인가. 충분한 휴식을 취해야 생산성이 높아지고 일의 능률도 오르는 법이다. 매일 밤 두뇌와 육체의 피로를 제대로 풀어주기만 해도 스트레스가 줄어들 것이다.
- [ ] 그날 하고 싶은 일이나 해야 할 일의 목록을 작성하는 일로 하루를 시작한다. 이렇게 하면 일일이 기억하지 않아도 되므로 두뇌의 부담이 줄어든다.
- [ ] 일기쓰기에 도전한다. 매일 일기를 쓸 시간이 없어도 괜찮다. 속마음을 쏟아내고 싶어지는 날이나 특별히 기록하고 싶은 일이 생길 날에 대비해 일기장을 하나 마련해두자.
- [ ] 텔레비전 시청 시간을 제한한다.
- [ ] 날마다 2분간의 휴식을 두세 번 계획해서 아무것도 하지 않고 혼자서만 시간을 보낸다.
- [ ] 명상을 한다.
- [ ] 운동 시간을 계획에 포함시킨다. 헬스클럽에 가든, 자전거를 타든, 개를 산책시키든, 등산을 하든, 아이들과 함께 마당을 뛰어다니든 관계없다. 어떤 형식으로든 움직이자!
- [ ] 나만의 시간을 늘린다. 이 시간에는 전화기를 모두 꺼놓고 오직 나만을 위해 좋아하는 일을 한다. 플래너에 '나만의 시간'이라고 써넣고 재미있는 일을 계획하자. 재미는 균형 잡힌 삶을 위해 반드시 필요하며 건강

과 행복을 증진시키는 요소다.
- ☐ 에너지를 쓸데없이 소비하는 요인을 찾아서 없앤다. 어질러진 물건들, 바람직하지 못한 인간관계, 끝내지 못한 업무를 정리하고 나중에 해도 되는 일들은 목록에서 삭제한다.
- ☐ 내 시간은 내가 조절한다! 목표를 세우고 세분화해서 실행 가능한 목록을 만들자. 목표가 분명해야 시간을 계획적으로 쓰고 중요한 일들을 먼저 처리할 수 있다.

무엇부터 할까?

- 단순하게 생활하고 단순하게 생각하자. 뉴스와 광고, 신문 기사, 우울한 책, 폭력적인 영화에 나왔던 부정적인 정보와 영상은 머릿속에서 지워 버리자.
- 혼자 조용히 보낼 수 있는 시간이 생기면 꼭 챙기자.
- 어떤 결정을 내리기 전에 나의 속마음을 들여다보자. 심호흡을 하고 편안한 마음으로 내면의 소리에 귀를 기울이자. 다른 사람을 기쁘게 해주어야 한다는 의무감에 좌우되지 말고 나에게 무엇이 최선인가를 생각해서 결정을 내리자.
- 나의 꿈에 주의를 기울이자. 때로는 꿈에서 유용한 잠재의식적 통찰을 얻을 수 있다.

note

 조화롭고 평화로운 삶을 사느냐, 아니면 고통스럽고 절망적인 삶을 사느냐는 우리의 외적 환경이 아닌 사고방식에 달렸다. - 마리안 윌리엄슨(영성 심리학자)

정리 유지하기

1개월
- ♥ 나만을 위한 하루를 계획해서 나를 행복하게 만드는 일을 한다.
- ♥ 잠깐이라도 시간을 내서 일기를 쓴다.

3~6개월
- ♥ 한두 시간 동안 혼자 있으면서 나의 감정 상태를 진단한다.

  요즘 나는 어떤 기분으로 지내는가?

  나의 인간관계는 어떤가?

  행복하다는 생각이 들면 감사한 마음으로 나의 행복을 음미하자. 그러면 더욱 행복해질 것이다. 만약 행복하지 않다면 그 이유를 솔직하게 평가하고 과감한 변화를 시도한다. 한 단계씩 차근차근 문제를 해결하되 필요하다면 다른 사람의 도움을 받는다.

1년
- ♥ 나의 생일이 다가오면 지난 1년간의 일들을 돌이켜본다.

  무엇을 배웠는가?

  나에게 어떤 변화가 있었는가?

  다가오는 한 해에는 무엇을 이루고 싶은가?

  생각을 정리하고 나서 내 생일을 마음껏 축하하자.

20%는 비워두고 계획을 짠다

목록

우리는 날마다 시간이라는 선물을 받습니다. 시간을 현명하고 효율적으로 쓰면 스트레스를 적게 받고, 우리가 원하는 일에 시간을 쏟을 수 있으며, 하루를 끝마칠 때마다 성취감을 느끼면서 균형 잡힌 삶을 살 수 있어요. 따라서 일정을 책임감 있게 관리하는 것은 곧 삶을 책임감 있게 관리하는 길입니다. 주어진 시간을 늘리기란 불가능하지만 시간을 어떻게 쓰느냐는 우리의 선택이니까요.

아직 처리하지 못한 일들이 항상 기억에 남아 있거나 머릿속을 맴돌고 있으면 에너지가 낭비됩니다. 반면 해야 할 일들을 목록으로 만들면 기억하는 데 도움이 될 뿐 아니라 계획을 세워서 일을 마칠 수 있도록 도와주지요. 목록이야말로 일정을 관리하는 가장 효과적인 방법이에요. 하지만 계획을 짤 때는 깨어 있는 시간의 80퍼센트만 계산에 넣어야 해요. 그래야 예정에 없던 일을 처리할 여유가 확보되거든요.

이번주 할 일

☐ 플래너를 한 권 사서 직장생활과 사생활을 함께 기록한다. 플래너를 여러 개 사용하면 약속이 겹치거나 혼동을 일으킬 우려가 있다.

- [ ] 가족과 의논해서 앞으로 몇 주간 또는 몇 달간의 계획을 짠다. 예를 들면 다음과 같다.
    - 아기 돌보는 시간 정하기
    - 식사 계획 짜기
    - 집안일 분담하기
    - 운전 계획 짜기
- [ ] 포스트잇, 달력, 종이쪽지 등에 써 놓은 할 일들을 모두 모아 하나의 목록으로 만들어 플래너에 보관한다. 물론 머릿속에 넣어둔 것도 잊지 말자! 목록은 최대한 자세하게 작성해야 한다.
- [ ] 할 일들을 다음의 기준에 따라 분류한다.
    A. 오늘 해야 할 일(전기료 납부, 댄스 강좌 등록 등)
    B. 이번 주에 해야 할 일(생일선물 사기, 감사인사 하기 등)
    C. 언젠가 하고 싶은 일(친구와 점심식사 하기 등)
- [ ] A와 B에 속하는 일들은 플래너에 기록한다.
- [ ] 분류가 끝나면 시급한 일부터 순서대로 번호를 매긴다. A에 속하는 일을 모두 끝내고 시간이 남으면 B나 C에 속하는 일을 처리한다. A에 속하는 일을 모두 끝내지 못하였을 때는 다음날 제일 먼저 처리한다.
- [ ] 앞으로 1년 동안의 치과 및 각종 병원 검진일정을 미리 계획한다. 만약 애완동물을 기르고 있다면 수의사와의 약속도 계획에 넣는다. 아이들의 소아과 진료와 가족의 치과 검진을 같은 날 잡는다든가 하는 식으로 계획해서 이동시간을 최소한으로 줄인다.
- [ ] 침대 머리맡에 수첩을 놓아둔다. 잠자리에 누워 있을 때 할 일이 문득 생각나면 일단 적어놓고 잤다가 다음날 아침 할 일 목록에 추가한다.
- [ ] 플래너의 한 페이지를 할애해 장기적으로 처리할 일의 목록을 만든다.

택배로 보낼 선물, 반납해야 할 빌린 물건들, 대여하고 싶은 영화, 읽고 싶은 책 등을 적어 놓으면 잊어버릴까봐 걱정할 필요가 없다.

무엇부터 할까?

- 하루에 할 수 있는 일의 양에는 한계가 있다. 계획을 현실적으로 세우자.
- 회의는 하루를 시작할 때나 끝마칠 때 잡자.
- 발품을 팔아야 하는 일은 지리적 위치를 고려해서 계획하자. 이동거리가 늘어나면 시간도 낭비되는 것은 당연하다.
- 병원, 상담 등의 약속은 되도록 이른 아침 시간에 잡자. 약속 시간대가 늦을수록 미뤄질 가능성이 크다.
- 지나치게 부담스러운 목록을 만들지 말자. 목록에 올라와 있는 일들 가운데 규모가 큰 일은 여러 개의 작은 일로 나누고 달성하기 쉬운 목표로 잡는다. 예컨대 목록에 '파티 개최'라고 뭉뚱그려 적지 말고 실제로 파티를 열기 위해 필요한 모든 일(초대할 손님 목록 만들기, 손님들에게 연락하기, 요리 목록 정하기, 시장 보기, 청소하기, 요리 준비하기, 소품 만들기)을 따로따로 적는다. 그리고 나서 최종 마감 시한을 정한 후 하루에 한 가지씩 차근차근 처리해 목표를 달성한다.

🌿 일정을 종이 대신 컴퓨터, 휴대전화 등의 디지털 기기에 저장해보자.

note

 할 일을 미루는 습관은 시간을 훔쳐간다. - 에드워드 영(시인)

정리 유지하기

1개월

- ♥ 목록에서 C로 분류된 일(언젠가 하고 싶은 일)을 언제까지 처리할지 계획한다.
- ♥ 휴식 시간도 일정에 넣는다. 매 순간 빡빡한 생활에 익숙해져 있다면 처음에는 휴식시간이 불편하게 느껴질 수 있고 심지어는 지루할 수도 있다. 하지만 지루함은 곧 평온함으로 바뀔 것이다.
- ♥ 배우자, 자녀, 친한 친구 등 소중한 사람들과 함께 보낼 시간을 비워둔다.

3~6개월

- ♥ 목록에서 C로 분류된 일들을 다시 한 번 점검하면서 지난 번에 목록을 점검했을 때와 같은 상태로 남아 있는 일들에 대해 마감시한을 설정한다. 필요하다면 일을 세분화한다.
- ♥ 할 일 목록을 '우선순위 목록'과 비교해보고 나에 대한 우선순위가 반영되어 있는지 확인한다.

1년

- ♥ 매년 추석에 여름 동안 하고 싶었는데 시간이 없어서 못 했던 일들을 모두 기록한다. 그리고 이듬해를 위해 새 플래너를 사면 그 일들을 적어 넣는다.
- ♥ 새 플래너를 사면 가족과 친구들의 생일, 기념일 등을 옮겨 적는다.

나에게 중요한 일은 무엇인가?

우선순위

매일 바쁘게 일하면서 살지만 정작 나의 삶은 없다는 느낌을 받은 적이 있나요? 현대사회의 숨가쁜 경쟁에 시달리다 보면 자칫 삶의 진짜 목표를 잊어버릴 수 있답니다.

　분주한 일상 속에서 나에게 정말 중요한 일을 챙기기란 쉽지 않지요. 그래서 우리의 정리 목록에는 '우선순위 정하기'가 반드시 포함되어야 합니다. 시간을 들여 우선순위를 정하면 나에게 중요한 일들을 잊지 않고 챙길 수 있겠지요?

이번주 할 일

☐ 다음 질문들에 답해본다. 나에게 중요한 일은 무엇인가? 나에게 중요한 사람은 누구인가? 내가 가장 의욕적으로 하는 일은 무엇인가? 나의 인생 목표는 무엇인가? 뭐든 내가 원하는 대로 할 수 있다면 무엇을 하겠는가?

☐ 나에게 중요한 일 10가지를 추려서 목록으로 만든다. 여기서 주의할 점! '나'에게 가장 중요한 것이 무엇인가를 생각해서 우선순위를 결정해야 한다. 어떻게 살고 싶은지를 분명하게 정해두지 않으면 남들이 나를 움직이게 된다. 눈에 잘 띄는 곳에 우선순위 목록을 두고 날마다 읽어본다. 침대 옆 탁자에 두어도 되고, 냉장고에 붙여도 되고, 책상 위에 올려놓아도 되고, 일기장에 끼워놓아도 된다.

☐ 현재 내가 하고 있는 모든 활동을 목록으로 만들어 나의 우선순위 목록과 비교해본다. 나에게 정말로 중요한 10가지 일에 시간을 할애하기 위해 어떤 활동을 줄일 수 있겠는가? 나에게 즐거움을 선사하지 않으면서 시간만 잡아먹는 활동이 있다면 즉각 중단하자.

☐ 지금 당장 플래너를 펼쳐들고 나의 우선순위 목록에 있는 일을 언제 할지 정한다. 예를 들어 다음과 같은 일을 계획한다.
- 한동안 연락하지 못한 친구에게 전화 걸기
- 가족과 여유로운 저녁식사 하기
- 가족과 영화를 보거나 게임을 즐기는 저녁 시간 갖기
- 운동
- 데이트
- 독서

- 아이들에게 책 읽어주기
- 공작과 같은 취미활동 하기

☐ 때로는 'NO' 라고 말하자! 나에게 중요한 10가지 일에 집중하기 위해 필요하다면 선을 그을줄 알아야 한다.

☐ 나에게 중요한 10가지 일을 날마다 생각한다.

무엇부터 할까?

- 나의 우선순위 10가지 목록을 날마다 읽어보자.
- 부정적인 생각을 하는 사람들과 함께 있는 시간을 줄이자.
- 가족들이 좋아하는 일 중에서 돈이 적게 들거나 돈이 들지 않는 일의 목록을 만들자. 그래서 그 일들을 최대한 자주 하자.

note

허황되게 들리긴 해도 꽤 괜찮은 발상이 하나 있다. 아무 날이나 정해서 한 시간 동안 모든 전화기를 끄고, 모든 자동차를 세우고, 모든 움직임을 중단하는 것이다. 그러면 사람들이 잠시나마 생각에 잠기지 않겠는가. 대체 왜 이렇게 바쁜지, 삶을 사는 이유가 무엇인지, 자신이 진짜로 원하는 것은 무엇인지 생각해보지 않겠는가. - 제임스 트루슬로 애덤스(역사가)

정리 유지하기

1개월

♥ 사랑하는 사람과 데이트를 한다.

♥ 시간을 내서 안부가 궁금한 친구에게 전화를 걸거나 편지를 쓴다.

♥ 아이와 함께 외출해서 하루를 보낸다.

3~6개월

♥ 우선순위 목록을 다시 읽어보고 그동안 달라진 부분이 있으면 목록을 수정한다.

♥ 연로한 친척 어른을 찾아가서 시간을 보낸다.

♥ 환경 보호에 도움이 되는 일을 한다.

1년

♥ 새 플래너를 사면 우선순위 목록에 있는 일들을 먼저 계획한다.

♥ 1년 동안의 여가활동을 평가하고 내년에도 계속할지 여부를 결정한다.

매일 저녁 15분간 주변을 정리정돈한다

청소

청소가 하기 싫어서 고민이라면 그냥 운동하는 셈 치세요. 저는 계단을 바삐 오르내리며 청소기를 돌리거나 욕조에 걸레질할 때마다 제가 소모하는 칼로리를 생각한답니다. 그것만으로는 의욕이 솟아나지 않는다고요? 그럼 이제부터 제가 알려드리는 간단한 목표와 요령을 활용해 청소라는 단조로운 작업을 더욱 즐겁게 해보세요. 물론 각자 자기 집 사정에 맞는 방법을 택해야겠죠.

집이 너무 엉망이어서 청소를 시작하기도 전에 기가 꺾인다면 사람을 고용하는 건 어떨까요? 정기적으로 가사 도우미를 부르는 비용이 부담되면 냉장고 정리나 세탁기 청소처럼 까다로운 일만 업체에 맡기는 방법도 있어요. 정리된 삶을 살기 위해서는 무엇보다 청소 일정을 잘 관리해야 한답니다.

이번주 할 일

☐ 온갖 종류의 집안일을 모두 정리해 하나의 목록으로 만든다. 매일 해야 하는 일, 매주 해야 하는 일, 매달 해야 하는 일로 구분하고 가족회의에서 각자가 할 일을 정해서 집안일 분담표를 만든다. 집안일 분담표는 모

두가 날마다 확인할 수 있는 위치에 붙여둔다.
- ☐ 집 안을 돌아다니며 청소할 때는 바구니를 하나 들고 다닌다. 청소를 하는 동안 다른 방에 있어야 할 물건을 발견하면 일단 바구니에 넣었다가 나중에 제자리에 가져다 놓는다. 이렇게 하면 집 안을 계속 왕복하지 않아도 되므로 시간이 절약된다. 하지만 청소가 끝나고 나서 꼬박꼬박 바구니를 비우지 않으면 잡동사니 통이 되고 만다는 사실을 기억하라!
- ☐ 매일 저녁 15분간 온 가족이 정리정돈을 한다. 누가 어느 방을 맡을지를 집안일 분담표에 기록하고 다 같이 정리정돈을 해보자.
- ☐ 날마다 방 하나를 청소하거나 집안일을 한 가지씩 처리한다. 이렇게 하면 청소하느라 토요일을 꼬박 날리지 않아도 된다.
- ☐ 빨래를 줄이기 위해 가족들에게 1주일간 각자 쓸 수건을 정해준다. 각자 색깔이 다른 수건을 쓰면 구분하기가 쉽다.
- ☐ 욕실에 일회용 항균 타월이나 물티슈 한 통씩 두면 세면대에 묻은 치약을 닦아내거나 아이들이 어지럽힌 변기 주변을 청소할 때 요긴하게 쓸 수 있다. 이것은 평상시에 욕실을 깨끗이 관리하는 가장 쉽고 간편한 방법이다.
- ☐ 청소용품을 최소한으로 줄여서 공간을 절약한다. 청소도구는 될 수 있으면 다용도로 쓸 수 있는 것 하나만 산다.

무엇부터 할까?
- 날마다 집에서 나가기 전에 침대를 정돈하자. 온 가족이 아침에 침대를 정돈하는 것을 생활화한다.
- 저녁식사가 끝나자마자 주방 싱크대를 치우고 설거지를 하거나 식기세척기를 작동하자.

- 집 안 청소를 할 때는 위에서 아래로, 왼쪽에서 오른쪽으로 이동하는 습관을 들이면 되돌아오느라 우왕좌왕하며 시간을 낭비하는 일이 없다.
- 아이들이 어리다면 아이들이 할 수 있는 식탁 치우기, 강아지 밥 주기, 양말 짝 맞추기 등의 일을 쪽지에 써서 유리컵에 꽂아두자. 아이들에게 매일 쪽지를 하나씩 뽑아서 거기에 쓰여 있는 일을 하라고 하면 집안일이 조금은 흥미로워진다. 아이들의 의욕을 고취하기 위해, 한 가지 일을 마칠 때마다 집안일 분담표에 스티커를 붙이게 해도 좋다.
- 집 안 청소를 할 때는 커다란 쓰레기통을 들고 다니면서 각 방의 작은 쓰레기통에 든 쓰레기를 비우자. 작은 쓰레기통을 일일이 들고 비우러 다니려면 일이 너무 많지 않은가.
- 아이들에게 자기 방 청소를 어느 요일에 할지 직접 선택하라고 하자.
- 정리와 청소를 할 때는 음악을 틀자. 음악을 들으면 에너지가 솟는다.
- 집 안을 개조하거나 집을 새로 지을 때 바닥재와 카펫은 어두운 색깔이나 여러 가지 색깔로 된 것을 선택하자. 밝은 색은 더러움이 눈에 잘 띈다.
- 일감을 모아서 한 번에 처리하자. 옷 한두 벌 다리려고 다리미를 꺼내지 말고 1주일치 일거리가 모일 때까지 기다리자.

note

 어떤 일이든 적절한 시간과 장소를 정하고 그에 맞춰 행하라. 그러면 항상 서두르는 사람들보다 나은 성과를 거두면서도 한결 여유로울 것이다. - 트라이언 에드워즈(신학자)

정리 유지하기

1개월
♥ 모두가 하기 싫어하는 집안일이 있으면 한 달씩 돌아가면서 맡는다.

3~6개월
♥ 가구에 씌운 덮개를 교체하거나 세탁한다.

1년
♥ 가족회의를 열어 집안일 분담표를 수정하고 할 일을 다시 나눈다. 아이들이 크면 책임도 점차 늘린다. 아이가 초등학교에 입학할 무렵이면 가족회의에 참석하기에 적합한 시점이다.

♥ 카펫, 소파, 쿠션 등을 스팀 청소한다.

PART 02

서류 정리하기

05 개인정보 ◆ 개인정보가 생성될 때마다 분류하여 보관한다

06 재무 관련 서류 ◆ 수입과 지출을 하나의 목록으로 정리한다

07 청구서 ◆ 무엇을 보관하고 버릴 것인가

08 영수증 ◆ 소득공제용 영수증은 따로 보관한다

09 서류 ◆ 인터넷에 있는 정보는 버리자

10 전자우편 ◆ 스팸메일은 도착하기 전에 차단한다

11 우편물 ◆ 불필요한 광고 우편은 즉석에서 버리자

개인정보가 생성될 때마다 분류하여 보관한다

개인정보

가족의 출생증명서가 필요할 때 어디에 있는지 금방 생각해낼 수 있나요? 건강보험증과 저축용 채권은요? 얼핏 생각하기에 개인정보는 우리의 머릿속 깊숙한 곳에 당연히 저장되어 있을 것 같지요. 하지만 비상사태가 생겼을 때 필요한 정보를 쉽게 찾을 수 있나요? 예를 들어 자동차나 오토바이를 도둑맞았을 때 차량 번호를 비롯한 차량 정보를 일목요연하게 설명할 수 있나요? 이번 주에는 나중에 개인정보가 필요해질 때를 대비해 무엇을 어떻게 기록해 둘지에 관한 조언을 제공합니다.

이번주 할 일

☐ 나의 개인정보를 보관할 장소를 정한다. 컴퓨터에 저장해놓아도 되고 인덱스카드에 기록해서 작은 상자에 보관해도 좋다.

☐ 개인정보를 종류별로 나눠 기록하고 라벨을 붙인다. 예를 들면 다음과 같이 알아보기 쉽게 분류한다.

　A. 재정
　• 나의 신용등급
　• 모든 신용카드의 번호와 카드 분실 시 신고 전화번호(현금카드와 체크

카드도 똑같이 정리한다)
- 은행 계좌번호와 통장 분실 시 신고 전화번호
- 수입, 지출, 저축과 재테크 목표를 기록한 가계부

B. 건강
- 알레르기(음식, 약, 동물 등)
- 혈압
- 가족의 병력
- 콜레스테롤 수치
- 나의 혈액형과 가족의 혈액형

C. 안전대책
- 유사시 연락할 전화번호
- 자동차 번호판 번호와 차량등록번호
- 가족 중 누군가가 여행을 떠나는 경우 비행기 번호
- 모든 가족 구성원의 최근 사진(신장과 체중도 기록해둔다)
- 가족의 여권 복사본

D. 비상대책
- 나의 신체 치수와 의류 치수
- 남편의 신체 치수와 의류 치수
- 자녀의 신체 치수와 의류 치수

☐ 안전 금고가 없다면 하나 구입해서 다음과 같은 중요한 서류를 보관한다.
- 혼인관계증명서
- 출생신고서
- 입양 관련 서류
- 자동차 등록증

- 증권과 채권
- 유언장
- 사망신고서
- 집 안의 귀중품 목록
- 계약서
- 여권

무엇부터 할까?

- 컴퓨터에 정보를 저장할 때 반드시 휴대용 저장장치에 백업을 해두자. 그리고 이 복사본을 안전 금고에 보관한다. 컴퓨터를 처분할 때는 잊지 말고 하드 드라이브에서 개인정보를 완전히 삭제하자.
- 요즘은 가족의 건강과 관련한 다양한 정보를 기록하고 저장하는 웹사이트와 소프트웨어가 많이 나와 있다.
- 재무관리를 위해 가계부를 쓰자. 원한다면 배우자나 자녀와 함께 작성해도 좋다.

note

사람은 맨 처음에 25%만을 알아듣는다. 1시간이 지나면 절반을 잊어버리고, 한 달이 지나면 거의 다 잊어버린다. 결과적으로 사람은 자기가 들은 말의 5%만을 기억하게 된다. 그러니 기록을 하라.
— 헤르만 에빙하우스(심리학자)

정리 유지하기

1개월

♥ 새로운 개인정보가 생성될 때마다 정확하게 분류해서 보관한다.

3~6개월

♥ 고가의 물건을 구입할 때마다 집 안의 귀중품 목록에 추가한다.

♥ 가계부를 다시 점검하고 지출을 줄일 방법을 찾아본다. 그리고 나서는 반드시 실천에 옮긴다.

1년

♥ 나의 신용정보를 조회해보고 특이한 점이나 수상한 사항이 없는지 확인한다.

♥ 모든 가족 구성원의 사진을 새로 촬영해 '안전대책' 폴더에 넣어둔다. 키와 몸무게도 반드시 다시 기재한다.

♥ 정기 건강검진을 받고 의료기록을 갱신한다.

수입과 지출을
하나의 목록으로 정리한다

재무 관련 서류

풍요로운 삶을 위해서는 재무 건전성에 투자해야 합니다. 오늘 돈을 착실히 관리하지 않으면 내일의 재정을 망친다고 전문가들이 말하잖아요. 돈을 대하는 태도를 바꾸면 우리의 미래가 달라질 수도 있다는 이야기겠죠? 재무정리를 건너뛰고 각종 요금을 제때 지급하지 않고 지출내용을 체계적으로 관리하지 않으면 나중에 곤경에 처하게 됩니다. 재무정리를 게을리 하며 살다가는 연체 수수료와 낮은 신용등급과 갈수록 늘어나는 빚에 시달리게 될지도 몰라요. 지금부터라도 재무 관련사항을 깔끔하게 정리하고 성실하게 관리하세요!

이번주 할 일

☐ 모든 청구서와 관련 서류를 여기저기 놓지 말고 한 군데에 모아 보관한다. 서류철에 끼우든 바구니나 양철통에 넣어두든 간에 보관할 공간은 넉넉해야 한다.

☐ 모든 수입과 지출을 하나의 목록으로 정리한다. 개인용 재무관리 프로그램이나 엑셀을 써서 정리해도 되고 전통적인 방식대로 종이에 써서 정리해도 된다. 다만 재정 상황이 한눈에 명확히 보이도록 하고, 각종

요금을 기록할 때는 지급 기한도 함께 표시한다. 예를 들어 다음과 같이 지출내용을 기록한다.

- 고정 비용
- 주택담보대출금 상환
- 세금과 각종 대출금 상환
- 전화요금
- 공과금(전기료, 상하수도 요금 등)
- 보험료
- 저축
- 가변 비용(평균을 내려면 3개월 동안의 기록을 토대로 계산한다)
- 주택 관리비
- 교통비(자동차 주유 및 주차요금 포함)
- 자녀 양육비
- 신용카드 대금
- 식비
- 미용 위생비
- 오락비
- 각종 기부금
- 습관성 지출(커피, 담배 등)

☐ 수입과 지출을 토대로 예산안을 짠다.

☐ 각종 요금을 납부할 날짜를 정한다. 계획을 작성하되 가장 좋은 방법은 수입이 생기자마자 요금을 내는 것이다. 한 달에 한 번이나 두 번도 괜찮고 매주 한 번도 괜찮다. 요금을 받는 사람에게 연락해서 결제일자를 내가 계획한 날로 변경해도 되는지 확인한 후에 결정한다.

- ☐ 지금 당장 미래를 위한 투자를 시작한다. 아직 저축용 은행계좌나 펀드 계좌가 없다면 오늘부터 적당한 액수의 저축을 예산안에 추가해서 정기적으로 투자한다. 그러자면 즐겨먹던 커피를 1주일에 몇 잔으로 줄여야 할지도 모른다.
- ☐ 필요하다면 다른 사람에게 도움을 청한다. 수입과 지출을 결산하는 방법, 투자를 하는 방법, 예산안을 작성하는 방법을 잘 모르면 믿을 수 있는 지인이나 전문가에게 물어본다. 재무 관련 단기 강좌를 듣는 것도 좋다.
- ☐ 자녀의 대학 등록금 마련을 위한 금융상품이 아직 없다면 지금 당장 가입한다.

무엇부터 할까?

- 은행 자동이체를 십분 활용한다. 요즘은 자동이체 할인을 제공하는 회사가 많다. 회사 입장에서는 매달 일정한 날짜에 돈이 들어온다는 보장을 받는 셈이기 때문이다.
- 수입과 지출 내용을 자동으로 관리해주는 프로그램을 활용하면 어떨까? 기왕이면 자주 이용하는 은행과 연계되는 프로그램을 선택해서 통장 입출금 내역이 자동으로 기재되도록 하자. 이렇게 하면 재무 관리가 대단히 수월해질 뿐 아니라 세금 정산 시기가 와도 문제없다.
- 재테크에 관해 공부하면 자신감이 생기기 때문에 돈을 잘 모을 가능성도 커진다. 다양한 투자법과 저축 기회를 알아보자.
- 고정 비용은 수입의 65퍼센트를 넘지 않게 한다.
- 배우자와 함께 생명보험을 드는 것은 어떨까? 젊을 때 가입해야 보험료가 낮다.

재무 건전성을 회복하는 방법은 두 가지다. 하나는 돈에 대한 생각과 감정을 변화시키는 내적인 방법이고, 다른 하나는 실제 돈 관리를 변화시키는 외적인 방법이다. – 마리안 윌리엄슨(영성 심리학자)

🌿 각종 요금은 온라인으로 지급하고, 은행에는 종이로 된 청구서를 보내지 말 것을 요청한다. 필요한 일이 생기면 온라인뱅킹으로 나의 계좌명세서를 확인하면 된다. 이렇게 하면 정리하는 시간을 아낄 수 있고 종이 쓰레기를 줄여 삼림 보존에도 도움을 주는 셈이다.

정리 유지하기

1개월

♥ 신용카드 사용명세서를 검토하고 이자율이 변경되지 않았는지 확인한다.
♥ 통장 잔액을 확인해 수입과 지출을 결산한다.

3~6개월

♥ 퇴직연금 내역을 확인한다.

1년

♥ 예산안을 수정한다.
♥ 세금 정산을 한다.

무엇을 보관하고 버릴 것인가

청구서

청구서는 유쾌한 이야깃거리가 못 되지요. 솔직히 말해서 요금 납부 날짜를 손꼽아 기다리는 사람은 없잖아요? 청구서 처리는 청소와 마찬가지로 영원히 끝나지 않는 일이랍니다. 이번 주에는 효율적인 청구서 처리 시스템을 구축해보세요. 물론 시스템이 있다고 해서 계좌에서 빠져나가는 돈이 줄어들진 않겠지만, 청구서 지급 처리에 드는 시간을 아껴서 더 즐거운 일에 쓸 수 있으니까요.

이번주 할 일

- ☐ 청구서를 처리하기 편한 장소를 하나 정한다. 우리 집 책상에서 해도 되지만 책상 앞에 앉아 있기가 싫으면 다른 좋아하는 장소를 잡아도 된다.
- ☐ 선택한 장소에 청구서 처리에 필요한 물품을 모두 가져다 놓는다.
  - 계산기
  - 청구서
  - 통장
  - 펜
- ☐ 이미 상환이 끝난 대출금의 상환확인서는 폐기한다.

- ☐ 나에게 맞는 청구서 처리 방식을 선택한다. 직접 지급해도 되고, 인터넷으로 납부해도 된다.
- ☐ 🍃 인터넷 뱅킹이 불편하지 않다면 각종 요금을 인터넷 납부로 전환한다. 자동이체나 인터넷 지로(www.giro.or.kr) 납부는 쉽고 빠르며 은행 업무 시간에 구애받지 않을 뿐만 아니라 은행에 가는 수고를 덜어준다. 이메일로 청구서가 오면 원하는 날짜와 금액을 컴퓨터로 입력하고 엔터 키를 누르기만 하면 된다. 이렇게 하면 모든 청구서를 제때 처리하고 머릿속에서 지워버릴 수 있다.
- ☐ 🍃 신용카드 사용명세서를 이메일로 받아본다
- ☐ 매주 각종 요금을 지급하고 계좌를 확인할 날짜를 정해서 플래너에 표시해둔다.
- ☐ 이런 시스템은 어떨까? 요금을 모두 납부한 후 청구서에 '납부완료' 라고 쓰거나 도장을 찍어서 월말까지 바구니나 폴더에 보관한다. 조금 더 자세히 기록하고 싶으면 지금 계좌번호를 써넣거나 '온라인' 이라고 표시한다. 월말이 되면 모든 청구서에 펀치로 구멍을 뚫어 3공 바인더에 철한다. 전기료, 전화요금, 자동차세, 주택담보대출 등 종류별로 철하고 사이사이에 바인더용 인덱스를 끼우면 청구서가 일목요연하게 정리되어 찾아보기 쉽다.

무엇부터 할까?

- 커다란 서류봉투에 청구서를 정리하고 작은 달력을 함께 넣는다. 청구서가 우편으로 도착할 때마다 서류봉투에 넣고 달력에 납부기한을 표시한다. 지급한 요금은 달력에서 지운다. 급여일도 달력에 함께 표시하면 더욱 좋다.

- 청구서가 적으면 처리하는 시간도 줄어든다. 통합할 수 있는 청구서는 최대한 합치자.
- 모든 요금을 제때 지급하자. 납부기한을 지킬 수 없는 사정이 있으면 미리 설명하고, 매달 조금씩이라도 돈을 보내 성의를 표시하자.
- 무엇을 보관하고, 무엇을 버릴 것인가? 다음 목록을 참조해서 결정하자.

  현금인출기 영수증 : 필요하다면 세금내역과 함께 보관하고, 굳이 필요하지 않으면 버린다.

  신용카드 명세서 : 사용내용이 정확한지 확인하고 지출액을 기록하고 나서 최근 것만 남기고 버린다.

  보험증서와 청구서 : 최근 것만 보관한다.

  의료비 영수증 : 3년 내의 것만 보관한다.

  주택담보대출 관련 서류 : 부동산을 소유하고 있는 한 계속 보관해야 한다.

  펀드 운용보고서 : 연례 보고서만 보관한다.

  이전에 소유했던 부동산의 매매증서 : 버리지 말고 파일에 보관한다.

  사회보장 명세서 : 연례 보고서만 보관한다.

  세금 관련 서류 : 5년 분량을 파일에 보관한다.
- 소득이 아무리 적어도 저축하는 습관을 들이자.

note

태산을 옮기려면 작은 돌멩이부터 날라야 한다. - 중국 속담

정리 유지하기

1개월
- ♥ 각종 청구서를 3공 바인더에 꼬박꼬박 정리한다. 정리하는 날짜를 달력에 표시해두는 것도 방법이다. 청구서가 장기간 쌓이면 정리하기가 더욱 싫어진다.
- ♥ 통장 잔액을 확인하고 수입과 지출을 결산한다.

3~6개월
- ♥ 청구서 처리에 필요한 물품 가운데 필요한 것이 있으면 채워 넣는다.
- ♥ 필요 없어진 계좌명세서를 폐기하거나 재활용한다.

1년
- ♥ 세금 정산 시 제출해야 하는 청구서를 따로 분류한다.
- ♥ 지난해의 청구서 중에 보관할 필요가 있는 것만 정리하고 나머지는 폐기한다.

소득공제용 영수증은 따로 보관한다

영수증

신용카드를 이용하면 돈을 지급하기가 편리합니다. 하지만 신용카드 영수증을 일일이 모아서 정리하기란 쉽지 않지요. 영수증을 깔끔하게 보관하는 제일 좋은 방법은 계획을 세워서 정해진 장소에 보관하는 것이랍니다.

이번주 할 일

- ☐ 흐트러진 영수증을 모두 모아 다음과 같이 분류한다.
  - 체크카드 영수증과 현금인출기 영수증 : 가계부에 금액을 기재한다.
  - 신용카드 영수증
  - 이미 기록한 영수증과 현금영수증
  - 소득공제에 필요한 영수증
  - 업무 관련 영수증, 나중에 정산 또는 환불을 받을 영수증
  - 상품 교환증
  - 가전제품, 가구, 기계 등과 같이 금액이 많은 영수증
- ☐ 체크카드 영수증과 현금인출기 영수증은 가계부에 정리한다.
- ☐ 소득공제에 필요한 영수증은 1년 치를 세금 관련 서류철에 넣어둔다.
- ☐ 업무 관련 영수증은 따로 모아 회사 경비보고서에 올린다.

☐ 환불받을 영수증은 플래너에 끼워두고 '할 일 목록'에 환불 일정을 추가한다. 환불과 정산은 대개 기한이 정해져 있으니 잘 챙길 것!

☐ 선물을 살 때는 상품 교환증을 요구하고 선물에 첨부한다. 받은 선물을 반품 또는 교환하고 싶은 경우에는 교환증을 선물과 함께 두고 할 일 목록에 교환 일정을 추가한다. 대개는 상점별로 반품 또는 교환 기한이 정해져 있으므로 꾸물거리지 말아야 한다. 선물이 마음에 드는 경우 교환증은 필요하지 않으므로 버린다.

☐ 자세한 기록을 원하지 않는다면 이번 단계는 생략해도 무방하다. 예산을 짜거나 지출을 상세히 분석하고 싶은 경우 기록을 끝낸 체크카드 영수증과 현금영수증을 항목별로 분류하고 컴퓨터나 수첩에 액수를 기록한다. 예를 들어 다음과 같은 기준으로 분류할 수 있다.

- 식료품비
- 가스, 전기, 전화 요금
- 의류비
- 오락비
- 선물 구입비

액수의 총합을 기록하고 영수증은 버린다. 지출 내역을 상세히 관리할 생각이 없으면 이 절차를 생략하고 체크카드 영수증과 현금 영수증을 모두 버려도 좋다.

☐ 나머지 영수증은 아코디언 모양 파일에 정리하고 항목별 혹은 월별로 라벨을 붙인다. 예를 들어 다음과 같이 분류할 수 있다.

- 금액이 많은 영수증
- 신용카드 영수증
- 소득공제에 필요한 영수증

- 환불 예정인 영수증

무엇부터 할까?

- 다음과 같은 습관을 들이자. 매주 일정한 요일이 되면 지갑이나 가방에 들어 있는 영수증을 모두 꺼낸다. 체크카드 영수증은 가계부에 금액을 기재한 후 버리거나 파일에 넣는다. 정산이나 환불이 필요한 경우 할 일 목록에 추가한다. 정리하는 데 드는 시간은 15분이면 충분하다. 이렇게 정리해놓으면 나중에 영수증이 필요해질 때 금방 찾을 수 있고 환불이나 반품 날짜를 놓칠 일도 없다.
- 가방 안에 지퍼가 달린 파우치를 넣어두고 모든 영수증을 파우치에 모은다. 파우치의 크기는 영수증을 한 번 접으면 들어갈 정도가 적당하다.

note

사람은 그가 가진 재산보다 훨씬 가치 있는 존재다. – 돈 윌슨 (의학 박사)

정리 유지하기

1개월

♥ 지갑이나 손가방에서 영수증을 모두 꺼내 분류하고 철한다.

♥ 현금인출기 영수증과 은행 입금 증서는 금액을 기록하고 월별 명세서와 대조한 후 버린다.

♥ 신용카드 영수증은 사용내역 명세서와 대조한 후 버린다.

♥ 소액 구매 영수증은 상품을 교환할 필요가 없다고 판단되면 버린다.

3~6개월

♥ 받은 지 3개월 이상 지난 선물에 첨부된 교환증은 모두 버린다.

1년

♥ 지난해의 세금 정산에 필요했던 영수증을 모두 꺼내 폐기하거나 장기간 보관할 장소로 옮긴다. 여기에 해당하는 영수증은 다음과 같다.

- 은행의 계좌명세서 및 신용카드 월별 명세서(연말 명세서 내역과 대조한 후 버린다)
- 증권과 펀드의 월별 혹은 분기별 운용보고서
- 주택담보대출 월별 명세서
- 전화요금, 전기요금 등의 영수증(업무용은 제외)
- 월별 급여 지급 증빙서류(일반 급여명세서 또는 자영업자 수입명세서와 대조, 확인 후 버린다)

인터넷에 있는 정보는 버리자

서류

서류는 정리하기 가장 귀찮은 품목이에요. 아마 저와 같은 생각을 하는 분이 많으리라 생각합니다. 정리를 끝내기가 무섭게 새로운 서류가 쏟아져 들어오니까요. 끝없이 계속되는 서류의 행렬에 머리가 아찔해질 때도 있지요. 서류를 깔끔하게 정리하는 비결은 서류 더미에 치이지 않고 주도권을 확보하는 것이랍니다. 여러분의 손에 들어오는 서류는 모두 '제자리'를 정해주세요. 사실 어디에 둘지를 결정하는 순간 어떤 품목이든 간에 정리 전쟁의 절반은 끝난 셈이지요. 이미 제자리가 정해져 있으니 그곳에 두기만 하면 되잖아요.

이번주 할 일

- ☐ 이미 나만의 서류정리 시스템이 확립되어 있을 경우에는 서류철을 모두 꺼내 훑어보면서 쓸모없거나 기한이 만료된 서류를 모두 버린다. 가정용 문서파쇄기를 갖춰두면 개인정보와 금융정보가 담긴 서류를 폐기할 때 편리하다.
- ☐ 나만의 서류정리 시스템이 없는 경우에는 일단 모든 서류를 한데 모은다. 모으는 것만도 보통 일이 아니다. 방마다 돌아다니면서 깊숙이 감추

어둔 서류도 모두 꺼내와야 한다. 쓸모없는 서류는 바로 추려내 폐기하고, 나머지 서류들은 파일로 철해서 한 군데에 두자. 사실 우리가 철해서 보관하는 서류의 80퍼센트는 두 번 다시 들춰볼 일이 없는 서류다. 다시 말해서 버려도 되는 서류라는 이야기다. 복사본이 있는 서류, 인터넷에서 쉽게 찾아볼 수 있는 정보는 서슴없이 버리자.

☐ 이제 서류정리 시스템을 만들 차례. 서류가 많다면 캐비닛을 활용해도 되지만, 작은 서류 보관함을 활용하면 책상 밑이나 수납장 안에 넣어 감춰둘 수 있고 어디든 가지고 다니면서 정리할 수 있다. 예를 들어 텔레비전을 보면서 서류정리를 할 수도 있다. 서류를 넣은 파일은 제목이 한눈에 들어오도록 일렬로 수납하고, 구분하기 쉽도록 서류의 종류에 따라 파일 색깔을 달리한다. 예를 들어 다음과 같은 기준으로 서류를 분류하자.

- 은행 계좌명세서
- 신용카드 명세서
- 급여명세서
- 업무 관련 지출 서류
- 학교 관련 서류(자녀 수대로 파일 준비)
- 주택과 자동차 보험 관련 서류
- 건강보험 관련 서류
- 세금 관련 서류

☐ 드디어 서류를 파일에 정리할 차례! 앞 단계에서 철을 해 두어야 한다고 판단한 서류를 모두 분류해 파일에 넣는다. 분류 기준이 지나치게 협소해서 파일 하나에 서류 한두 장만 넣는다거나, 해당되는 파일이 없어서 서류를 넣지 못하는 일은 없어야 한다.

- ☐ 정리 작업이 끝나면 모든 파일의 제목을 한 페이지에 나열해 전체 목록을 만든다. 이렇게 하면 나중에 시간이 절약된다.
- ☐ 주소와 명함은 한 군데에 통합해서 정리한다. 이렇게 하면 지인들의 주소와 전화번호가 바뀌어도 한 번만 수정하면 된다. 주소와 연락처를 수첩에 따로 기록한다면 연필로 써야 나중에 수정하기가 쉽다. 다음 중 한 가지에 주소와 명함을 보관해 보자.
  - 컴퓨터 하드디스크
  - 수첩
  - 비닐 속지가 달린 3공 바인더
  - 명함 정리기

무엇부터 할까?

- 책상 위에 서류 보관용 홀더나 플라스틱 서류함을 올려놓고 현재 작업 중인 서류를 이곳에 보관하자.
- 인터넷에서 검색 가능한 정보라면 종이로 된 서류는 버리자.
- 주소와 연락처를 정리할 때는 변경사항을 기록하기 편리한 시스템을 고르는 것이 핵심이다.
- 명함 수납에는 명함을 하나씩 끼울 수 있는 속지가 달린 3공 바인더가 제격이다. 명함을 계속 추가한다 해도 몇 년 동안은 충분히 보관할 수 있기 때문이다.
- 중요한 행사나 의식을 앞두고 별도의 파일을 만들 경우, 행사를 치르고 나서는 잊지 말고 파일을 없애자.

🍃 더는 필요하지 않은 서류를 버릴 때는 재활용 수거함에 넣는다.

나에게 있는 서류를 한데 모아 사정없이 찢어버리고 없앴다. 그러면 언제나 마음이 흡족해진다.
– 캐서린 맨스필드(작가)

정리 유지하기

1개월

♥ '철해야 할' 서류로 분류된 서류들을 파일에 넣는다.

3~6개월

♥ 파일을 모두 훑어보고 더는 보관할 필요가 없는 서류는 모두 폐기한다.

1년

♥ 매년 1월에 파일들을 비우는 작업을 한다. 세금 관련 정보가 빠짐없이 갖춰져 있는지 확인한 후 지난 1년 동안 보관했던 파일들을 비우고 올해에 쓸 일이 없는 파일들은 정리함으로 옮긴다.

스팸메일은 도착하기 전에 차단한다

전자우편

전자우편함을 여는 일이 즐거웠던 때가 언제였는지 모르겠네요. 바이러스와 스팸메일이 세상을 뒤덮기 전에는 꽤 즐거웠지요. 바이러스와 스팸을 차단하기 위해 어떤 프로그램을 쓰든 간에 우리는 늘 쓸데없는 광고메일에 시달립니다. 실제 우편함과 다를 바 없지요! 친구들이 곧잘 보내는 불필요한 전달 메일은 또 어떻고요. 저의 경우 전자우편을 깔끔하게 관리하는 일은 정말로 절실한 과제였습니다. 3개의 웹사이트(www.organizethislife.com)(www.jenniferfordberry.blogspot.com)(http://twitter.com/organizethislif)를 운영하고 있는데다 제 친척과 친구들은 전국 각지에 흩어져 있거든요. 이번 주에는 홍수처럼 밀려드는 전자우편을 관리하는 저만의 방법을 몇 가지 알려드릴게요.

이번주 할 일

☐ 전자우편함을 살펴보면서 필요 없는 메일은 모두 삭제한다. 첨부파일이 있는 경우에도 파일을 이미 하드디스크에 저장했다면 메일을 삭제한다.

☐ 보낸 메일함에서 복사본을 저장해둘 필요가 없는 메일은 모두 삭제한다.

☐ 전자우편함에 폴더를 만들어 종류별로, 혹은 발신인별로 메일을 분류한

다. 이렇게 하면 전자우편함이 깔끔해져서 필요한 메일을 찾기가 쉬워진다. 폴더를 만들 때는 '저장한 파일'과 '할 일 파일'을 포함시킨다.

☐ 원하지 않는 메일이나 읽지 않는 메일을 받고 있다면 메일링 리스트에서 빼달라고 요구한다. 대용량 메일은 대부분 하단에 수신거부 버튼이 있다. 버튼을 누르고 지시에 따라 수신거부 절차를 밟으면 된다.

☐ 전자우편함에 미리보기 기능이 있는 경우 켜둔다. 이렇게 하면 열어보지 않고도 읽을 가치가 있는 메일인지 아닌지 판단할 수 있다.

☐ 사적인 메일은 하나의 계정으로 통합한다. 무료 메일을 이용하면 복수 계정을 만들기는 어렵지 않지만, 그것을 모두 확인하려면 시간 낭비가 많아지고 중요한 메일을 놓칠 가능성도 커진다.

☐ 태스크Tasks 기능이 있는 경우 켜둔다. (우리나라 사람들이 많이 쓰는 메일 중에는 구글의 지메일gmail에서 태스크 기능을 제공하고 있다.) 태스크에서 '할 일 목록'을 클릭하면 A 태스크, B 태스크, C 태스크와 같은 식으로 폴더를 만들 수 있다. 처리할 작업의 우선순위를 정해서 가장 중요한 업무를 A 태스크 폴더에 넣고 나중에 해도 되는 일은 C 태스크로 분류한다. 일단 A 태스크에 있는 업무를 집중적으로 처리하고 나서 B, C 순으로 처리하면 된다.

- ☐ 최신 정보를 반영해 전자우편 주소록을 갱신한다.
- ☐ 바이러스와 스팸 방지 소프트웨어 환경설정을 정기적으로 점검해서 불필요한 메일을 확실하게 차단한다.

무엇부터 할까?

- 발신자 지정 수신거부와 스팸메일함 기능을 잘 활용하자.
- 전자우편함에 잡다한 메일을 모두 보관하지 말자. 편지를 저장할 필요가 있으면 폴더를 따로 만들어서 전자우편함과 분리하자.
- 온라인 쇼핑, 상품에 대한 문의, 설문조사 답변 등의 일로 전자우편 주소를 제공할 때마다 해당 업체로부터 광고메일과 홍보성 메일을 받지 않을 권리가 명시된 조항을 찾아본다. 대개는 '메일 수신을 원하지 않음'이라는 문구 옆에 체크박스가 있다. 잘 살펴서 스팸메일이 우편함에 도착하기 전에 차단하자.
- 받은 메일에 답장을 하고 싶은데 시간이 없을 때는 일단 답장쓰기를 클릭해 임시저장 본을 만든다.

note

 업적으로 인정받는 것은 시작한 일이 아니라 끝낸 일이다. - 작자 미상

정리 유지하기

1개월

♥ 전자우편함을 모두 훑어보면서 예전에 받은 메일에 답장하거나 삭제한다.

3~6개월

♥ 보낸 메일함을 비운다.

1년

♥ 전자우편 주소록을 살펴보고 변경사항이 있으면 수정한다.
♥ 백신 프로그램을 구입하거나 무료 프로그램을 다운받아 설치한다.

불필요한 광고 우편은 즉석에서 버리자

우편물

처치하기 곤란한 쓰레기가 생길까봐 우편함을 열기가 겁나나요? 우편물을 손에 들고 어디에 놓을지 몰라서 집 안을 서성인 적이 있나요? 우편물은 모든 불필요한 물건 중에서도 가장 나중까지 사라지지 않을 품목입니다. 게다가 일요일만 빼고 매일 도착한다는 사실! 그래서 장기적으로 활용 가능한 우편물 정리 시스템을 마련할 필요가 있지요.

이번주 할 일

- [ ] 최근에 받은 우편물을 분류하고 쓸데없는 것은 버린다.
- [ ] 우편을 발송하는 데 필요한 물품(청구서, 우표, 축하 카드, 편지봉투 등)을 한 군데에 모은다.
- [ ] 메일링 리스트를 확인하고 원하지 않는 리스트에서 탈퇴한다.
- [ ] 오래된 카탈로그와 잡지를 모두 버리고 최신호만 남긴다.
- [ ] 바구니를 두 개 준비해서 하나는 받은 우편물, 다른 하나에는 보낼 우편물을 넣어둔다.

무엇부터 할까?

- 우편함은 그날그날 열어보고 불필요한 광고 우편은 즉석에서 버리자. 신용카드 명세서와 공과금 청구서에 딸려오는 전단과 광고도 버리자. 나에게 필요한 것, 즉 명세서와 반송용 봉투만 남겨두자.
- 행사를 알리는 초대장이나 전단을 받으면 중요한 사항(일시 및 장소)만 달력에 옮겨 쓰고 초대장은 바로 버리자. 약도를 보관해야 할 경우에는 클립으로 달력에 끼워두거나 냉장고에 고정시키자.
- 식구 수 대로 상자를 마련해 우편물을 담아두고 각자 알아서 확인하게 하자.
- 각종 요금을 인터넷으로 납부하면 우편물 수령이 줄어들고 나의 우편요금도 절약된다.
- 개인정보가 포함된 서류를 처리하기 위해 가정용 문서 파쇄기를 마련하는 것도 좋은 방법이다. 우편물을 모아놓는 바구니 옆이나 책상 위에 파쇄기를 올려놓으면 편리하다.

- 우편요금을 알아보려면 우체국 홈페이지 www.epost.kr에서 확인하면 된다.

note

괴로워하지 말고 정리를 하세요. - 플로렌스 케네디(인권 변호사)

정리 유지하기

1개월

- ♥ 받은 우편물 바구니를 비운다.
- ♥ 회신, 반송 등의 조치를 요하는 우편물을 처리한다.

3~6개월

- ♥ 오래된 잡지와 기한이 지난 카탈로그를 버린다.
- ♥ 우편 발송에 필요한 물품 중에 필요한 것을 구입한다.

1년

- ♥ 즐겨 읽는 잡지의 구독을 연장하고 현재 읽지 않는 정기간행물은 구독을 중단한다. 주문한 지 1년 이상 된 쇼핑몰의 카탈로그는 받지 않는다.

PART 03

물건 정리하기

- 12 **자동차** ◆ 정비소는 한 군데만 이용한다
- 13 **식료품** ◆ 80/20법칙을 적용한다
- 14 **의약품** ◆ 자주 복용해야 하는 약 목록은 냉장고에 붙여둔다
- 15 **가방** ◆ 가지고 다니는 물건의 개수를 줄이자
- 16 **사진** ◆ 최근 사진부터 오래된 순서로 분류한다
- 17 **장난감** ◆ 개수를 제한해야 알차게 사용한다
- 18 **아이과제물** ◆ 아이에게 '추억상자'를 만들어 준다
- 19 **레시피** ◆ 요리 양을 두 배로 늘려서 바쁜 날 이용하자
- 20 **애완동물** ◆ 신상 정보를 기록한 수첩을 만든다
- 21 **취미용품** ◆ 비슷한 물건끼리 보관하고 라벨을 붙인다

정비소는 한 군데만 이용한다

자동차

우리는 차 안에서 상당히 많은 시간을 보냅니다. 혹시 바닥에는 쓰레기가 굴러다니고, 차창은 밖을 내다보기 어려울 정도로 뿌옇고, 지저분한 냄새가 배어 있는 차를 타고 다니시나요? 말끔하게 정리된 차를 타고 싶지 않나요? 자동차는 집과 마찬가지로 주인이 어떤 사람인가를 보여주는 공간이랍니다.

이번주 할 일

- ☐ 차 안의 필요 없는 물건을 모두 꺼낸다. 트렁크도 잊지 말고 비우자!
- ☐ 차 바닥에 깔린 매트를 꺼내서 꼼꼼하게 먼지를 턴다.
- ☐ 조수석 박스를 청소한다.
- ☐ 진공청소기로 차량 내부의 먼지를 흡입한다.
- ☐ 계기판과 음료수 받침과 차 문을 걸레로 깨끗이 닦는다.
- ☐ 좌석 시트에 전용 스프레이를 뿌린다.
- ☐ CD를 모두 케이스에 넣어 보관한다.
- ☐ 자동차 창문을 깨끗이 닦는다.
- ☐ 뒷좌석 한쪽 구석에 쓰레기봉투를 붙이고 탑승자에게 쓰레기는 그 봉투

에만 넣으라고 한다.
- [ ] 차량 외부를 세척한다.
- [ ] 트렁크의 물건들을 상자에 담아 운전하는 동안 이리저리 굴러다니지 않게 한다.
- [ ] 엔진오일과 브레이크오일 교환 날짜를 잡거나 직접 교환한다.
- [ ] 자동차 비상용품 키트를 만들고 떨어진 물품은 채워 넣는다.
  - 비상용 불꽃신호기
  - 예비 배터리
  - 예비 타이어
  - 타이어 탈착 공구
  - 구급처치 용품
  - 콜레스테롤 수치
  - 나의 혈액형과 가족의 혈액형 기록
- [ ] 자동차 수리와 정비에 관련된 정보를 모두 모아 한 군데에 보관한다. 예를 들어 조수석 박스에 넣어두거나, 파일에 넣어서 집에 보관한다.
- [ ] 차 안에 다음과 같은 물품을 준비해둔다.
  - 자동차 등록증
  - 유효한 보험증서
  - 차량 사용설명서
  - 필기구와 종이
  - 선글라스
  - 지도
  - 휴지
  - 손전등

- 우산
- 휴대전화 통화를 위한 핸즈프리
- 차량용 휴대전화 충전기
- 스노 스크레이퍼(유리창에 눈이 덮였을 경우 긁어내는 기구) 또는 브러시

☐ 자동차 트렁크에 다음과 같은 물품을 준비해둔다.
- 보충용 엔진오일
- 앞유리 세정액
- 잭과 렌치
- 충전 가능한 공기압축기
- 점퍼 케이블

무엇부터 할까?

- 차 내에서 음식을 먹을 때는 다 쓴 냅킨과 포장지를 자동차 바닥에 버리지 말고 음식이 담겨 있었던 봉지에 도로 집어넣자. 차에서 내릴 때 봉지를 잊지 않고 꺼내서 버리기만 하면 된다.
- 좌석 밑이나 좌석 뒤쪽에 비상용품을 수납하자.
- 잡다한 물건은 될 수 있으면 트렁크에 보관하자.
- 조수석 박스에 여분의 테이프 클리너(먼지제거 테이프)를 넣어두자.
- 아이들이 지루해할 때를 대비해 책과 장난감을 작은 가방에 담아 차 안에 두자.
- 자동차 정비소는 한 군데만 이용해야 수리나 정비가 중복되는 일이 없다.
- 눈이 많이 내리고 얼음이 자주 어는 지역에 거주하는 경우 겨울철에는 눈을 치우는 삽과 모래를 싣고 다니고 비상용 담요를 가지고 다니는 것이 좋다.

 지금 하고 있는 여행을 마음껏 즐기세요. 어떤 일을 하든지 간에! - 사라 에반(컨트리 가수)

정리 유지하기

1개월

♥ 차량 내부와 외부를 청소한다.

3~6개월

♥ 엔진오일과 브레이크오일 교환 시기를 확인한다.
♥ 타이어 공기압을 점검한다.

1년

♥ 법에 규정된 자동차 검사를 받는다.
♥ 예비 타이어의 공기압을 점검한다.
♥ 자동차보험과 관련된 변동사항이 있으면 보험사에 알린다.
♥ 가을이 되면 부동액을 점검하고 교체한다.
♥ 날씨가 추워지기 전에 비상용품을 준비한다.

80/20법칙을 적용한다

식료품

식료품이 깔끔하게 정리되어 있으면 식사 준비가 한결 수월해집니다. 주부들은 대개 식료품을 보관하는 공간에 다른 물건도 함께 수납하지요? 흔히 식료품과 함께 수납하는 물건으로는 자주 쓰지 않는 조리도구, 플라스틱 밀폐용기, 접시 등이 있습니다.

얼마 전에 고객 한 명을 위해 식료품 저장고를 정리해준 적이 있어요. 높다랗고 근사한 식료품 저장고를 가진 고객이었는데 키가 작은 편이어서 위쪽 선반 3개는 아예 비워두고 있더군요. 그래서 제가 그 고객이 자주 쓰지 않는 물건을 위쪽 선반에 올려놓고 3단짜리 사다리를 장만해주었더니 반응이 아주 좋았답니다! 정리를 할 때는 항상 우리의 필요와 생활방식을 염두에 두세요.

이번주 할 일

- ☐ 유통기한이 지났거나 사용하지 않을 식료품은 버린다. 봉지 안에 부스러기만 남은 과자도 여기에 포함된다.
- ☐ 과자, 시리얼, 향신료 등과 같이 개봉한 식료품 중에 같은 제품이 여러 개 있으면 내용물의 상태가 양호한지 확인하고 되도록 합친다. '한 번에

하나씩' 이라는 규칙을 꼭 따른다. 쓰던 제품이 바닥나거나 버리기 전에는 새 제품의 포장을 뜯지 말자!

- [ ] 스낵바, 낱개로 포장된 과자와 같이 자잘한 식료품을 한데 모아 바구니 또는 층층이 쌓을 수 있는 밀폐용기에 넣는다. 용기 하나에 한 가지씩만 수납한다.
- [ ] 집에 있는 식료품을 종류별로 분류하고 수납할 장소를 정한다. 이렇게 구획을 나누면 물건을 금방 찾을 수 있을 뿐만 아니라 떨어진 식료품이 있는지 확인하기도 편하다.
- [ ] 식재료를 사용 빈도에 따라 구분해서 정리한다. 가끔 쓰는 것은 뒤쪽에 놓고 자주 쓰는 것은 꺼내기 편한 자리에 수납한다.
- [ ] 식료품 수납공간은 늘 넉넉하지 않다. 따라서 수직 공간을 최대한 활용해야 한다. 선반이 몇 개 없는데 선반 사이의 간격이 넓다면 철제 랙을 설치해서 선반 사이의 공간을 활용한다.
- [ ] 선반과 문짝 사이의 간격이 넓은 편이라면 수납용 주머니를 문짝에 매달아 수납에 활용한다.
- [ ] 주요 식료품 목록을 작성한다. 목록은 컴퓨터로 작성해서 인쇄해도 되고 작은 보드에 마카펜로 써도 된다. 식료품 목록을 가지고 있다가 다 떨어진 품목 옆에 X표를 해두면 다음에 장을 볼 때 무엇을 사야 할지 파악하기가 쉽다. 식료품 목록의 예는 다음과 같다.
    - 쌀
    - 국수
    - 밀가루
    - 식용유, 올리브유, 참기름 등
    - 설탕, 소금, 간장 등의 양념류

- 시리얼
- 통조림

무엇부터 할까?

- 요리할 때는 80/20 법칙을 적용하자. 음식재료의 80퍼센트는 원래 집에 있던 것을 사용하고 20퍼센트는 슈퍼마켓이나 시장에서 새로 사온 신선한 과일과 채소, 고기를 사용한다.
- 매장이 한산할 때를 골라서 장을 보자. 주말보다는 평일이 낫고, 이른 아침이나 식사시간도 괜찮다. 하지만 배가 고플 때는 쇼핑을 하지 말자!
- 할인 판매하는 식료품을 사서 비축해놓자. 수시로 사용하는 식료품은 할인행사 때 최대한 많이 사들이고, 한 달에 한 번 이하로 사용하는 식료품은 6개 이상 사지 않는다. 다 쓰기 전에 할인가로 구입할 기회가 다시 찾아올 것이다.
- 할인 판매를 한다는 이유만으로 식료품을 사지는 말자. 집에 있는 식료품 저장고를 넉넉하게 채우는 것은 좋지만 공간이 넘치도록 쌓아둘 필요는 없다.
- 가족들에게 시리얼이나 과자를 한 번에 하나씩만 뜯어서 먹으라고 당부한다. 그래야 눅눅해지기 전에 먹어치울 수 있다.

note
_____
_____
_____
_____
_____

 적게 소유하고 적게 움직여라. 아닐 때는 아니라고 말하라. - 조프리 가드비(경영학 박사)

정리 유지하기

1개월

- ♥ 떨어진 식료품이 있는지 확인하고 보충해둔다.
- ♥ 개봉한 식료품 중에 중복되는 것이 있는지 확인하고 가능하다면 내용물을 합친다.

3~6개월

- ♥ 우리 집에 있는 식료품을 모두 점검한다. 유통기한이 지난 식료품은 버리고 구석에 처박혀 있는 물품은 눈에 잘 띄도록 앞쪽으로 옮긴다.

1년

- ♥ 지난 1년간 한 번도 쓰지 않은 식료품은 골라내 버린다.

자주 복용해야 하는 약 목록은 냉장고에 붙여둔다

의약품

이번 주는 신속하게 끝낼 수 있는 쉬운 과제입니다. 일반적으로 가정에서 보관하는 의약품은 그다지 많지 않을 테니 정리하는데 오래 걸리진 않을 거예요. 혹시 '아무도 안 볼 텐데 약품은 왜 정리하지?' 라는 의문이 드시나요? 의약품을 깔끔하게 정리해야 하는 이유는 다음과 같아요. 첫째, 필요할 때 약품이나 구급용품이 어디 있는지 쉽게 찾기 위해서. 둘째, 우리 가족의 건강을 확실히 챙기기 위해서. 유효기간이 지난 약을 잘못 먹으면 심각한 부작용을 일으킬 수 있거든요. 그리고 솔직히 말하자면 약품을 보관하는 곳까지 슬쩍 들여다보는 극성스러운 손님들도 있잖아요?

이번주 할 일

☐ 약품을 모두 꺼낸다. 일단 다음과 같은 것은 모두 버린다.
- 유효기간이 지난 약품
- 필요 없어진 항생제
- 녹이 슬었거나 날이 무뎌진 면도기
- 어떤 이유든 간에(맛이 마음에 들지 않는다거나 더 이상 필요가 없다 등의 이유) 지금 쓰지 않는 약품 중 약국에서 판매하는 것

- ☐ 작은 의약품은 모두 비슷한 물건끼리 묶어서 지퍼백에 수납한다.
- ☐ 공간 활용을 극대화하기 위해 나머지 의약품은 높이에 따라 정리한다. 필요하다면 선반을 추가로 설치해서 수납한다.
- ☐ 일단 크기별로 분류하고 나서 다시 종류별로 분류해서 정리한다. 이때도 될 수 있으면 비슷한 물건끼리 묶어 수납한다.
- ☐ 약품과 소모품이 얼마나 남았는지 알아보고 사야 할 물품 목록을 만든다.
    - **통증, 발열** : 아세트아미노펜(해열진통제), 아스피린, 이부프로펜(비스테로이드성 소염진통제)
    - **감기** : 소염제, 감기약
    - **발진, 벌레에 물린 상처, 피부질환** : 항히스타민 크림, 칼라민 로션, 코티존
    - **알레르기** : 항히스타민제, 안약
    - **상처, 화상** : 항생 연고, 붕대, 거즈, 치료용 테이프, 과산화수소
    - **소화불량** : 제산제
    - **기타** : 체온계, 핀셋, 칼, 가위, 손톱깎이 등
- ☐ 의약품을 제자리에 넣어둔다. 자주 쓰는 물건을 앞쪽에 놓는다.

무엇부터 할까?

- 가까운 약국에 문의해서 유효기간이 지난 약품을 안전하게 처분하는 방법을 알아보자.
- 약품을 보관하는 장소에 자석 띠를 함께 두면 핀셋, 가위, 손톱깎이 등을 편리하게 수납할 수 있다.
- 약품을 새로 개봉하기 전에 같은 효능을 가진 약품은 다 쓰거나 버리자.

- 처방받은 약을 복용하는 것을 자주 잊어버린다면, 특히 단기간 복용하는 약의 경우 복용 시간을 쪽지에 써서 의약품 보관 장소 주변에 붙여두자. 똑같은 쪽지를 하나 더 써서 냉장고에도 붙여두자.
- 약을 새로 살 경우에 대비해 의약품을 보관하는 공간의 10퍼센트는 비워두자.
- 유효기간이 지난 약이나 먹다 남은 의약품은 가까운 약국에 가져다 주면 안전하게 폐기할 수 있다.

note

 재난과 범죄를 비롯한 인류의 모든 병폐를 치유하는 약은 오직 지혜밖에 없다. - 토머스 헉슬리(생물학자)

정리 유지하기

1개월

♥ 처방전이 필요한 약을 장기간에 걸쳐 복용하는 경우 약이 얼마나 남았는지 확인한다. 약이 더 필요하면 처방을 다시 받는다.

3~6개월

♥ 계절 약품과 소모품을 미리 마련해둔다. 예를 들어 겨울에는 감기약, 여름에는 알레르기약과 벌레 물린 상처에 바르는 약을 준비한다.

1년

♥ 의약품 정리함을 싹 비우고 청소한다. 유효기간이 지났거나 현재 사용하지 않는 약품은 모두 버린다.

가지고 다니는 물건의 개수를 줄이자

가방

가방은 단순히 소지품을 넣어 다니기 위한 것만은 아닙니다. 가방은 바쁘게 활동하는 동안 우리에게 필요한 물건들을 운반하기 위한 것이므로 모든 물건을 신속하게 찾아 꺼낼 수 있어야 해요. 편리한 생활을 원한다면 언제나 소지품을 따로따로 넣을 수 있게 칸이 나누어진 가방을 구입하세요.

이번주 할 일

- ☐ 가방 또는 지갑에 든 물건을 모두 꺼낸다.
- ☐ 가방에 들어 있던 영수증을 분류하고 필요 없는 것은 모두 버린다.
- ☐ 나머지 영수증은 봉투에 넣어둔다.
- ☐ 가방에 들어 있던 잔돈을 모두 모아 동전지갑에 넣는다.
- ☐ 카드는 회사명, 카드번호, 유효기간, 카드사 전화번호 등의 정보가 포함된 목록을 작성한다. 가방이나 지갑을 도난당할 경우에 대비해 이 목록을 집 안의 안전한 장소에 보관한다.
- ☐ 지금 들고 다니는 가방 또는 지갑의 상태를 점검한다. 심하게 닳았거나 구멍이 나 있다면 새 가방을 살 때가 된 것이다.
- ☐ 가방에 구획을 나눈다. 돈과 현금카드, 신용카드는 지퍼 달린 주머니 또

는 지갑에 넣고 화장품은 작은 파우치에 넣는다. 의약품류는 따로 작은 파우치를 준비한다. 휴대전화 등의 통신장비와 플래너도 독립된 칸에 넣는다.

- [ ] 일반적으로 사람들은 자기가 들고 다니는 물건의 20퍼센트밖에 사용하지 않는다. 그러므로 가지고 다니는 물건의 개수를 줄이자. 장보기 목록, 영수증, 지급할 청구서 등의 중요한 서류를 가지고 다닐 때는 찾기 쉽게 클립으로 고정한다.
- [ ] 가방에 펜을 챙겨가지고 다닌다. 단, 필요할 때 쉽게 찾을 수 있도록 항상 일정한 장소에 두어야 한다.

무엇부터 할까?

- 가방 안에 현금카드 하나, 신용카드 하나, 운전면허증, 약간의 현금만 가지고 다니자. 적게 가지고 다녀야 혹시 소매치기를 당하더라도 뒤처리가 간단하다.
- 가방에 작은 노트를 넣어두고 사고 싶은 물건, 읽고 싶은 책, 보고 싶은 영화, 가보고 싶은 음식점, 사고 싶은 CD 등을 기록한다. 이렇게 하면 볼일을 보러 나갈 때 항상 참조할 수 있어서 편리하다.
- 일정이 늦어질 것이라고 예상되는 날에는 가방에 읽을거리를 챙긴다.
- 가방에 지퍼 달린 파우치를 가지고 다니면서 영수증을 모은다. 영수증 보관용 파우치는 너무 커도 안 되지만 영수증을 두 번 이상 접어야 할 정도로 작아도 곤란하다.
- 가방을 메고 다닐 때 어깨나 허리가 아프다면 너무 무겁다는 이야기다. 소지품의 양을 줄이자.

note

 성공의 4단계는 목적의식이 있는 계획을 세우고, 기도하는 마음으로 준비하고, 긍정적인 자세로 일하고, 끈질기게 노력하는 것이다. - 윌리엄 아서 워드(목사)

정리 유지하기

1개월
- 날짜가 지난 장보기 목록, 할 일 목록, 영수증 등 불필요한 종이를 가방에서 모두 꺼낸다.
- 매달 초 영수증 파우치를 비우고 영수증을 분류해서 철한다.

3~6개월
- 가방 또는 지갑에 든 물건을 모두 꺼내고 필요하지 않은 물건은 처분한다.

1년
- 다시 쓰지 않을 것이 확실한 핸드백은 모두 중고로 판매하거나 기부한다.
- 지금 들고 다니는 가방을 자세히 살펴본다. 혹시 버리고 새것을 살 때가 되지 않았는가?
- 현금카드와 신용카드를 하나씩 살펴보고 더 이상 쓰지 않는 카드를 해지하고 버린다.

최근 사진부터 오래된 순서로 분류한다

사진

사진은 우리가 살아온 날들을 보여주는 증거물입니다. 사진을 통해 우리는 추억 속의 그리운 시절로 돌아갈 수 있지요. 그런 만큼 사진을 정리하고 제대로 보관하는 일도 대단히 중요하겠지요?

이번주 할 일

☐ 사진을 다음과 같이 세 갈래로 분류한다.
   A. 버릴 것
   B. 다른 사람에게 주려고 여러 장 뽑은 것
   C. 계속 간직할 것
☐ '버릴 것'으로 분류된 사진을 처분하고 여러 장 뽑은 사진들은 나눠준다.
☐ 나머지 사진들을 날짜별 또는 사건별로 분류한다.
☐ 잊어버리기 전에 사진 뒷면에 날짜나 사건을 기록한다. 기록은 가장 최근에 찍은 사진부터 시작해서 점점 오래된 사진으로 넘어간다. 특정한 날짜가 기억나지 않으면 옛날 달력을 활용한다. 아주 오래된 사진들이라도 최소한 촬영연도와 계절 정도는 기록해두자.
☐ 사진을 어떻게 수납할지 미리 생각한 후 필요한 도구를 구입한다. 예를

들어 다음과 같은 물품이 필요할 수 있다.
- 스크랩북
- 포켓식 앨범
- 사진 정리함
- 코르크판
- 콜라주 도구

☐ 새로 구입한 앨범 또는 정리함을 활용해 나만의 방법으로 사진을 수납한다.

무엇부터 할까?

- 디지털 카메라를 이용하면 시간과 비용이 한결 절약된다. 원하는 사진만 골라 출력할 수도 있고, 사진을 일부러 두 장씩 인화할 필요 없이 친구나 가족에게 사진 파일을 메일로 보낼 수도 있다.

- 디지털 카메라에 저장된 사진을 컴퓨터로 옮길 때는 행사와 관련된 제목(예를 들어 '2009년 방학')의 폴더를 따로 만들어 사진을 저장하자.
- 디지털 카메라로 촬영한 사진을 컴퓨터로 옮길 때는 CD에 백업 파일을 만들어놓자. 하드 드라이브가 고장 나거나 컴퓨터가 바이러스에 감염되더라도 사진을 잃어버릴 염려가 없다. 사진을 백업한 CD에 라벨을 붙이고 앨범이나 사진 정리함에 보관하자.
- 35mm 카메라를 쓰고 있다면 필름 한 통을 다 찍자마자 현상하자. 필름에 어떤 사진이 들어 있는지 잊어버릴 때까지 내버려두지 말자.
- 사진을 현상하면 1주일 내에 정리와 수납을 마치자.
- 사진이 생기면 바로 정리하자. 스크랩북은 나중에 만들어도 관계없다.
- 모든 사진에 촬영일자와 개요와 사람들의 이름을 써 붙이고 사진 정리함에 넣자. 이렇게 하면 나중에 시간이 나서 스크랩북을 만들 때 사진을 찾기 쉽고 세부사항을 기억해내기도 쉽다.
- 사진을 수납할 때는 가장 최근의 사진에서 오래된 사진 순으로 정리한다.
- 앨범은 접착식보다 포켓식을 써야 사진 정리시간이 절약된다.
- 사진 정리함에 사진을 넣을 때는 인덱스카드를 활용해 사건별, 계절별, 연도별로 구분하자.
- 여분의 사진을 어떻게 활용할지 분명치 않다면 두 장씩 인화하지 말자. 두 장씩 인화한 사진은 모두 봉투에 넣어두었다가 사진을 줄 사람이 정해지는 즉시 봉투에 그 사람의 이름과 주소를 써서 보내자.
- 명함판, 반명함판 등 작은 사진들을 정리할 때는 문구점에서 파는 명함지갑을 활용하면 안성맞춤이다.

 당신 외에는 아무도 보지 못했을 만한 것을 남들에게 보여주어라. – 로버트 브레송(영화감독)

정리 유지하기

1개월

- ♥ 디지털 카메라에 저장된 사진을 모두 컴퓨터로 옮긴다. 35mm 카메라를 사용하는 경우에는 필름을 모두 현상한다.
- ♥ 모든 사진에 라벨을 붙인다.
- ♥ 사진들을 분류해서 수납한다.
- ♥ 두 장씩 현상한 사진들은 예쁜 카드와 함께 보낸다.

3~6개월

- ♥ 디지털 카메라에 남아 있는 오래된 사진을 모두 삭제한다.
- ♥ 원한다면 하루 중 오후를 비워 스크랩북을 만들거나 나만의 앨범을 제작한다.
- ♥ 사진관에 가서 가족사진 촬영, 아이가 학교에 제출할 증명사진 촬영 등 사진을 찍어야 할 일이 있으면 약속을 잡는다.

1년

- ♥ 액자에 끼워둔 사진을 교체한다. 액자에서 빼낸 사진은 잘 보관해둔다.
- ♥ 연말연시에 잠깐 시간을 내서 지난 1년간의 사진들을 보며 그동안 있었던 일들을 회상한다.
- ♥ 세월이 흐르는 동안 찢어지거나 너덜너덜해진 사진들은 보존하기 위한 조치를 취한다.

개수를 제한해야 알차게 사용한다

장난감

저는 장난감 방을 따로 두는 것을 찬성하지 않습니다. 대개는 아이가 가지고 놀지 않는 여분의 장난감을 수납하는 공간으로만 쓰이기 때문이에요. 다시 말하자면 쓰레기 처리장인 셈이지요! 아이들이 가지고 노는 장난감 개수를 적절히 조절하면 아이 방만으로도 얼마든지 적당한 공간을 찾아 수납할 수 있습니다. 더욱이 아이들은 장난감 가짓수가 적을 때 오히려 자기가 가진 장난감 하나하나를 알차게 활용한답니다.

물론 타당한 이유가 있어서 장난감 방을 따로 만드는 분도 있겠지요. 아이들 방이 아주 작다든가, 아이들이 너무 어려서 사다리 달린 2층 침대를 놓기가 불안하다든가 하는 경우 말이에요. 그러나 대개는 TV 시청이나 게임처럼 온 가족이 함께 활동하는 방에 장난감을 가득 채워놓더군요.

저는 딸아이가 한 살 때부터 시작해서 매년 해온 일이 있어요. 크리스마스가 한두 달 앞으로 다가오면 딸아이의 장난감을 정리하면서 2개 이상 골라내 어려운 아이들을 위해 기부하는 것입니다. 딸아이가 어느 정도 자란 지금은 기부하고 싶은 장난감을 직접 선택하게 해요. 물론 처음에는 장난감을 포기하지 않으려 들더군요. 저는 장난감이 하나도 없는 아이들도 있다고 딸을 설득했지요. 이제는 딸아이도 기꺼이 장난감을 골라내 기부한답니다. 어릴 때부터 아이들에게 물건을 쌓아두지 말고 다른 사람들과 나누라고 가르치는 것은 반드시 필요한 일이라고 생각해요.

이번 주 과제를 달성하는 방법은 두 가지가 있습니다. 첫째는 집 안에 굴러다니는 장난감을 일단 한 방에 모아놓고 나서 정리를 시작하는 방법이고, 둘째는 각 방을 돌아다니며 버릴 것과 판매 또는 기부할 것을 골라내고 계속 사용할 장난감만 한데 모아 정리하는 방법입니다.

이번주 할 일

☐ 어려운 사람들을 돕는 일의 중요성에 관해 아이와 대화를 하며 다른 아이를 위해 장난감을 기부하자고 한다. 게임처럼 진행할 수도 있다. 예를 들어 아이들이 장난감을 하나 기부할 때마다 5점씩 주고 50점이 되면 온 가족이 영화를 보러 간다든가 하는 식으로 특별한 시간을 가진다.

☐ 아이의 장난감을 다음과 같이 네 가지로 분류한다.

　A. 버릴 것 : 망가진 장난감, 일부 조각이 없어진 퍼즐 등

　B. 판매 또는 기부할 것 : 아이가 커서 더는 필요하지 않거나 아이가 좋아하지 않는 장난감

　C. 동생에게 물려줄 것

　D. 계속 가지고 있을 것

☐ '판매할 것'으로 분류된 장난감은 깨끗하게 닦거나 세탁하고 플래너를 보면서 판매할 날짜를 잡는다.

☐ '계속 가지고 있을 것'으로 분류된 장난감은 한 군데에 모아둔다. 아이 방에 두는 게 가장 좋다. 게임, 책, 놀이용 의상, 블록, 인형 등으로 분류하고, 아이가 찾기 쉽도록 투명한 상자나 바구니에 수납한다. 아이의 키를 고려해서 손이 닿는 곳에 수납해야 한다.

☐ 어느 장난감이 어디에 들어 있는지 아이가 알아보기 쉽도록 상자마다 라벨을 붙이거나 내용물의 스냅 사진을 붙여둔다.

☐ 자잘한 조각이 많은 장난감은 어린아이들 손이 닿지 않는 높은 선반에 수납한다.

☐ 어느 정도 자란 아이에게는 장난감을 가지고 놀지 않을 때는 제자리에 넣어두라고 가르친다. 장난감이 '제자리'를 벗어나 있어도 되는 시간을 정해주고 제한시간을 초과한 경우 며칠 동안 '압류 코너'에 둔다. 이렇게 해서 아이가 스스로 정리하는 습관을 들이게 하자.

무엇부터 할까?

- 아이에게 커다란 바구니 또는 상자를 주고 장난감을 다른 방으로 옮길 때 사용하라고 하자.
- '적을수록 좋다'라는 진리를 잊지 말자! 아이들은 장난감을 적게 가지고 있을수록 하나하나 더 알차게 활용한다.
- 장난감을 번갈아 사용하게 하자. 장난감이 바뀔 때마다 아이는 새것을 가지고 노는 기분을 맛볼 것이다.
- 퍼즐 조각은 색깔별로 구분하자. 퍼즐 뒷면에 색을 칠해두면 퍼즐 조각이 따로따로 굴러다녀도 구분할 수 있다. 퍼즐 조각들은 적당한 크기의 비닐봉지에 보관하는 것이 좋다.
- 아이들이 책꽂이로 쓰는 선반이 벽에 단단히 고정돼 있는지 수시로 확인하자. 선반이 떨어지는 일은 없어야 한다.
- 집에 동물 봉제인형을 너무 많이 두지 말자. 아이가 곧잘 가지고 노는 것이나 특별한 의미가 있는 것만 남겨두면 된다.
- 아이 방이 2층에 있는 경우 1층에도 한쪽 모퉁이나 방 하나에 장난감을

장난감은 가지고 놀 때가 제일 좋아요. – 랜슬리 베리(여섯 살 어린이)

몇 개 놓아두자.

★ 아이가 가지고 놀던 장난감을 버리지 못하는 부모들에게 보내는 충고
아이가 둘인데 장난감을 1년에 5개씩 보관한다면 어떻게 될까? 아이가 16세가 되면 160개의 장난감이 집 안에 쌓인다.

정리 유지하기

1주일
- 아이에게 가방이나 상자를 주고 집 안에 널려 있는 장난감을 모두 담아 제자리에 가져다 놓으라고 시킨다.

1개월
- 장난감 수납 상자를 살펴보고 망가진 장난감이 있으면 골라내 버린다.

3~6개월
- 아이가 가지고 놀던 장난감을 집어넣고 다른 장난감을 꺼내준다.

1년
- 아이의 장난감을 모두 꺼내놓는다. 기부의 중요성을 아이에게 설명해주고 기부할 장난감을 2개 이상 고르라고 시킨다. 이 일은 크리스마스 전후에 하는 것이 좋다.

아이에게 '추억상자'를 만들어 준다

아이과제물

아이들이 집으로 들고 오는 작품과 과제물을 보면 놀랍지 않나요? 설마 우리 아이만 그렇게 많은 건 아니겠지요?

우리 집 냉장고에는 아이들 그림이 잔뜩 붙어 있답니다. 끝없이 쌓이는 그림과 작품들을 깔끔하게 치우려면 적극적으로 정리해야 해요. 아이의 작품을 버리려면 누구나 약간의 죄책감을 느끼겠지만, 돈을 내고 다른 데 맡겨서 보관하지 않는 한 아이들이 끊임없이 집으로 가져오는 작품을 모두 보관할 수는 없는 노릇이지요.

아이들은 자기 물건에 대한 애착을 쉽사리 떨치지 못합니다. 그러니 아이의 작품을 버리는 작업은 아이가 집에 없을 때 하세요.

이번주 할 일

- ☐ 아이의 글과 그림, 공작품을 분류한다. 꼭 간직하고 싶은 것만 남기고 모두 버린다.
- ☐ '간직할 것'으로 분류된 작품들을 어떻게 할지 결정한다. 스크랩북에 넣을 것인가? 액자에 끼울 것인가? 결정을 내렸으면 바로 실행에 옮기자. 그렇지 않으면 아이의 작품은 언제까지나 수북이 쌓여 있을 테니까.

가장 잘 된 작품이나 특별한 작품만 남기기로 했다면 정리는 금방 끝날 것이다. 정리하는 일이 벅차다고 느껴진다면 버릴 것을 좀 더 골라내야 한다. 작품을 많이 간직하면 볼거리가 너무 많아서 감상하는 즐거움은 오히려 줄어든다. 현실적으로 판단하자.

- [ ] 아이에게 '추억 상자'를 만들어준다. 예를 들어 아이가 학교를 졸업할 때마다 입었던 교복, 사진, 상장과 상패를 상자에 넣는 것이다. 단, 정말로 특별한 물건만 넣어야 한다. '추억 상자'는 아이가 성인이 되어 독립할 때까지 다락에 보관한다.

- [ ] 학교 과제를 정리하기 위해 아이 한 명당 하나씩 파일이나 상자, 3공 바인더를 준비한다. 이것을 꺼내기 쉬운 장소에 두고 지속적으로 과제물을 정리한다.

- [ ] 아이의 작품은 매년 일정한 개수를 정해서 보관한다. 예를 들어 상자나 파일에 수납한 작품이 40개가 되면 이전의 작품은 버리고 그 자리에 새로운 작품을 넣자. 상자나 파일에는 라벨을 붙여 그 해의 연도와 아이 이름을 기록한다.

- [ ] 아이 한 명당 하나씩 '중요한 서류' 파일을 만들어서 의료기록, 성적증명서, 그림엽서와 상장 등을 보관한다.

- [ ] 아이가 어느 정도 자라면 자기 작품을 스스로 보관하게 한다. 파일을 색깔별로 사면 재미있게 정리할 수 있다. 어릴 때부터 파일을 잘 정리하는 습관을 들인 아이는 성인이 되고 나서도 서류 더미 속에서 허우적거리지 않을 것이다.

무엇부터 할까?

- 아이의 작품을 할머니나 할아버지, 친척에게 선물하면 어떨까?
- 아이의 그림을 스크랩북에 넣거나 콜라주로 만들자.
- 아이의 그림을 아이 방 문 안쪽에 테이프로 붙여두자. 더는 붙일 자리가 없어지면 아이를 문 옆에 세워두고 사진을 찍고 나서 특별히 마음에 드는 작품 몇 개만 남기고 모두 떼어낸다.
- 아이를 위해 일기를 쓰자. 아이가 태어났을 때 나의 기분이 어땠는지, 아이가 자랄 때 성격이 어땠는지, 아이가 잘했던 일은 무엇인지 등을 기록하자. 일기라고 해서 매일 쓸 필요는 없다. 아이가 어떤 활동을 했고 어떤 친구들과 어울렸으며 취미와 관심사가 무엇이었는가를 중심으로 1년에 한두 페이지만 기록하면 된다. 매 학년이 끝날 무렵에 기록을 남기면 좋다. 아이가 충분히 자라면 아이 스스로 쓸거리를 생각해내서 기록하게 한다.
- 아이가 그린 그림 중 잘된 것 한두 개를 액자에 끼워 아이 방이나 현관에 장식한다.
- 어떤 작품을 남겨두고 어떤 작품을 버릴지를 아이 스스로 정하게 하자. 그러기 위해서는 아이의 의사결정 능력을 길러주고 자기 물건은 자기가 책임져야 한다고 가르쳐야 한다.

★ 잊지 말자!
아이들과 함께 보내는 시간은 결코 낭비하는 시간이 아니다.

 우리는 아이가 나중에 무엇이 될까에 관심을 가진다. 그러나 아이가 지금도 한 사람의 인격체라는 점은 알지 못한다. – 스타샤 타우셔(교육학자)

정리 유지하기

1개월

♥ 아이의 학교 과제와 작품 가운데 아이를 위해 보관하고 싶은 것을 철해둔다. 아이가 충분히 자라면 스스로 정리하는 습관을 들이도록 한다.

3~6개월

♥ 잠시 시간을 내서 육아일기를 쓴다.
♥ 냉장고에 붙어 있는 아이의 그림을 모두 떼어내고 새것으로 교체한다.

1년

♥ 아이와 함께 작품집, 추억 상자 등을 정리하면서 계속 보관할 필요가 없는 작품은 버린다.

요리 양을 두 배로 늘려서 바쁜 날 이용하자

레시피

때로는 요리 자체보다 어떤 요리를 할지 정하고 식료품을 사는 데 더 많은 시간과 에너지가 들지요. 저도 마찬가지랍니다. 저는 요리연구가 레이첼 레이Rachael Ray가 아니기 때문에 건강에 좋으면서도 간편하고 훌륭한 레시피를 줄줄 외우지 못합니다. 사실 모두 외울 필요도 없잖아요?

이번주 할 일

☐ 집 안 여기저기 굴러다니는 레시피를 모두 모은다.
☐ 레시피를 가지고 있어도 실제로 그 요리를 하지 않으면 무용지물. 레시피를 분류해서 다음과 같은 것들은 버린다.
 - 좋아하거나 자주 만들어서 찢어진 레시피나 읽기 어려운 레시피(새 레시피 카드에 옮겨 쓴다)
 - 앞으로 만들 일이 없을 것 같은 요리의 레시피
☐ 레시피는 다양한 방법으로 보관할 수 있다. 나에게 가장 잘 맞는 방법을 선택하자. 아래 방법을 활용해 보자.
 - 레시피 상자에 담아 보관한다.
 - 투명 비닐 속지에 넣어 3공 바인더에 끼운다.

- 접착식 앨범에 넣는다.
- 시중에서 판매하는 레시피 노트에 써넣는다.
- 컴퓨터에 저장한다.

☐ 나에게 알맞은 보관 방법을 선택했으면 레시피를 분류한다. 예를 들어 다음과 같은 기준으로 분류할 수 있다.
- 국, 찌개
- 찜, 조림, 구이
- 밑반찬
- 육류 요리
- 채소 요리
- 떡, 빵, 과자
- 샐러드

☐ 레시피 정리가 끝나면 자주 사용하는 레시피 목록을 작성한다. 다음번 장을 보러 갈 때 그 목록을 가져가서 레시피마다 해당 재료를 파는 매장 번호 또는 상점을 기록한다. 집에 돌아와서 매장번호가 기록된 목록을 출력해서 쿠폰 지갑에 넣거나 식료품 목록과 함께 들고 다니면 장 보는 시간을 단축할 수 있다.

무엇부터 할까?

- 빠르고 간단한 레시피를 모으자. 음식재료의 80%는 집에 늘 갖춰놓는 기본적인 품목이어야 한다.
- 장을 보러 가기 전에 1주일 동안 어떤 요리를 할지 미리 정하고 모아둔 레시피를 활용해 장보기 목록을 만들자.
- 매일 저녁식사 설거지를 마치고 다음날 저녁식사 식단을 결정하자. 필

요한 음식재료가 집에 있는지 확인하고 해동이 필요한 재료는 미리 냉장실로 옮겨둔다.

- 요리할 때 양을 2배로 늘려보자. 레시피 분량의 2배를 만들어서 절반은 냉동실에 보관했다가 요리할 틈이 없는 바쁜 날 꺼내 먹으면 좋다.
- 지금 가지고 있는 레시피를 정리하기 전에는 새로운 레시피를 추가하지 말자!
- 슬로우쿠커를 잘 활용하자. 슬로우쿠커는 사용법이 간단하고 나중에 정리정돈도 쉽다. 슬로우쿠커를 활용한 레시피만 따로 모아두자.
- 양념이 된 고기나 1인분씩 포장해서 판매하는 반조리 식품과 조리 식품을 잘 활용하자.
- 12개월 정도 기간을 정해서 요리를 할 때마다 카드에 하나씩 기록하거나 컴퓨터에 저장하자. 이렇게 해놓고 장을 보러 갈 때마다 1주일 동안 만들 음식의 레시피를 챙기기만 하면 음식재료 목록까지 자동으로 만들어지는 셈이다.
- 잠자리에 들기 전에 다음날 점심 도시락을 준비하자. 2인분 이상을 준비하는 경우에는 색깔이 있는 비닐랩으로 싸서 구분하자.
- 레시피를 정리하고 싶은데 시간이 없다면 레시피 사이트를 이용하자. 요즘은 음식 관련 사이트에서 레시피 정리 서비스를 제공한다.
- 새로운 레시피를 시도했는데 마음에 들지 않거나 혹은 가족들이 잘 먹지 않는다면 그 레시피는 없애버린다. 다시는 그 요리를 하지 않을 테니 레시피를 보관한들 무슨 소용이 있겠는가?
- 컴퓨터의 즐겨찾기에 폴더를 만들어 간편하고 훌륭한 레시피의 링크 주소를 저장해둔다. (cook.miznet.daum.net)(kitchen.naver.com)(www.menupan.com)(blog.daum.net/twins0807)

 무엇을 먹느냐가 중요한 것이 아니다. 누구와 함께 어떤 자세로 식사하느냐에 따라 식사의 의미가 달라진다. - 작자 미상

- 친구들을 불러 '요리 파티'를 개최하자. 각자 자기가 좋아하는 음식재료를 준비해와서 요리 경연대회를 열어 음식에 대한 평가를 받고 서로의 레시피를 교환하자. 단, 모든 참가자가 음식을 집으로 가져가서 냉동할 수 있을 만큼 분량을 넉넉히 만들어야 한다.
- 주변에 요리를 좋아하는 사람이 있으면 레시피를 선물하는 것도 좋다.

정리 유지하기

1개월

♥ 그동안 모은 레시피 중 하나를 골라 요리를 한다. 실제로 활용하지 않으면 레시피를 모아도 의미가 없으니까!

3~6개월

♥ 친구를 불러 함께 몇 가지 음식을 만든다. 다 만든 음식은 나눠 가져가서 냉동한다.
♥ 집 안 곳곳에 널려 있는 레시피를 종류별로 정리한다.

1년

♥ 그동안 모은 레시피를 분류, 불필요한 것은 버리고 나머지는 정리한다.
♥ 정리된 레시피를 다시 살펴보면서 지난 2년간 만든 적이 없는 요리의 레시피는 버린다. 시도해봤지만 마음에 들지 않았던 레시피도 버린다.

신상 정보를 기록한 수첩을 만든다

애완동물

애완동물은 아이들과 비슷합니다. 우리가 돌봐주어야 하고 정리도 대신 해주어야 하거든요. 애완동물을 기르면 필요한 물건이 많아지므로 물건들을 일정한 장소에 두어야 쉽게 찾을 수 있다는 점에서도 아이들과 비슷해요.

애완동물 용품은 보통 창고나 현관 구석, 주방 찬장, 뒷문 근처의 바구니 같은 곳에 두면 좋습니다. 공간이 넉넉해서 필요한 물건을 모두 수납할 수 있는 곳이면 어디든 괜찮아요.

이번주 할 일

- ☐ 사료 그릇, 목걸이 줄, 애완동물용 솔, 약품 등 애완동물 용품을 한곳에 모은다.
- ☐ 애완동물 용품을 모두 모아 수납, 정리하기 편리한 장소에 보관한다.
- ☐ 다음과 같은 물품은 버린다.
  - 닳거나 끊어진 목걸이 줄
  - 낡았거나 녹이 슬었거나 망가진 애완동물 집
  - 애완동물이 가지고 놀지 않거나 지저분해서 집 안에 두기 싫은 장난감
  - 애완동물이 죽어서 필요 없게 된 물건
- ☐ 애완동물이 잘 먹지 않는 사료는 버린다.
- ☐ 사료그릇과 물통을 깨끗하게 씻는다.
- ☐ 애완동물을 목욕시키고 목걸이도 세탁한다.
- ☐ 애완동물의 잠자리 상태를 점검한다. 애완동물 전용 침대가 있으면 청소를 해주고, 침대가 엉망이 되었다면 버리고 새것을 산다.
- ☐ 고양이를 기르고 있다면 상자 안의 배변용 모래를 모두 꺼내고 상자를 깨끗이 닦은 다음 새 모래를 넣어준다. 모래가 든 상자의 위치는 사람의 통행이 적은 장소에 있어야 하고, 새 모래와 작은 삽과 쓰레기통을 보관할 공간이 확보되어야 청소하기가 편하다.
- ☐ 새나 햄스터 같은 동물을 우리에 넣어 기르고 있다면 자주 청소해주고 우리 위치가 적절한지 살펴본다. 가족들의 관심을 받을 수 있는 위치에 있는지, 밤에 왕성하게 활동하는 동물이라면 가족의 수면을 방해하지 않는 위치에 있는지 등을 살펴본다.
- ☐ 동물병원에 데려가서 건강검진을 받는다.

- ☐ 정기검진, 예방접종, 병력, 수술 기록, 진찰 및 치료 기록, 처방전 등 애완동물의 의료기록을 한데 모아 정리한다.
- ☐ 애완동물의 등록번호, 먹이주기 요령, 수의사 이름 등을 기록한 수첩을 만든다.

무엇부터 할까?

- 남은 사료가 그릇에 달라붙지 않도록, 첨가물 없는 오일 스프레이를 애완동물 사료 그릇에 뿌리자.
- 현관문 근처나 현관 신발장 안에 여분의 목걸이와 가죽끈을 걸어둔다.
- 여행을 떠나거나 수의사가 바뀔 경우 또는 애완동물 도우미에게 맡길 때를 대비해서 애완동물에 관한 기록물을 복사해둔다.

note

 동물들에 대한 처우를 보면 그 나라의 품격과 윤리의식 수준을 알 수 있다. – 마하트마 간디(정치인)

정리 유지하기

1개월

- ♥ 애완동물을 목욕시키고 잠자리를 청소한다.
- ♥ 고양이의 배변용 모래 상자를 비우고 새 모래를 깔아준다.
- ♥ 어항을 청소한다.

3~6개월

- ♥ 사료그릇과 물통을 깨끗이 씻는다.
- ♥ 애완동물의 벼룩을 퇴치한다.
- ♥ 애완동물의 발톱을 깎아준다.

1년

- ♥ 동물병원에 연락해 정기검진을 예약한다.
- ♥ 주소가 변경된 경우 애완동물의 등록증과 인식표에 기재된 내용을 수정한다.

비슷한 물건끼리 보관하고 라벨을 붙인다

취미용품

무언가를 만들면서 우리의 예술적 재능을 발휘하는 일은 휴식처럼 즐거운 일이 되어야 하겠죠. 취미생활을 100% 즐기려면 미리미리 재료와 도구를 정리해야 합니다.

도구와 작업대 주변을 정리할 때는 자기 자신에게 솔직해지세요. 지금 하는 작품을 정말로 완성하게 될까요? 만드는 과정을 진심으로 즐기고 있나요? 그저 '나도 취미활동을 한다'라고 생각하니 기분이 좋은 것은 아닌가요? 현실적으로 따져서 작품을 시작만 하는 것이 아니라 끝낼 시간도 있을까요? 손으로 무언가를 만드는 취미를 가지면 즐거울까요, 아니면 할 일만 늘어나게 되는 건 아닐까요? 진짜로 좋은 작품을 만들고 싶다는 결론이 나오면 계속 열심히 하겠지만 그게 아니라면 지금이라도 홀가분하게 포기하고 정말로 열정을 가지고 할 수 있는 일에 시간과 에너지를 쓰세요.

이번주 할 일

- ☐ 집 안에 널려 있는 작품과 도구를 한 군데 모은다.
- ☐ 작품과 도구를 살펴보면서 다음과 같은 물건은 버린다.
  - 날이 무뎌진 가위

- 나오지 않는 마카펜과 굳은 물감
- 천, 종이 등의 자투리
- 지난 2년간 쓴 적이 없는 재료 및 도구(판매나 기부도 가능)
- 좋아하지 않는 공예 재료

☐ 남은 재료를 스크랩북 재료, 뜨개질 재료, 그림 재료, 카드 만들기 재료, 스탬프 만들기 재료 등으로 분류한다.

☐ 항목별로 수납할 위치를 정한다. 천, 붓, 스티커, 종이 등 비슷한 물건끼리 모아서 수납하고 정리함에는 각각 라벨을 붙여 내용물을 표시한다. 공작에는 자잘한 조각들을 붙이는 작업이 많으니 재료와 도구를 수납할 때는 정리함이 이상적이다.

☐ 나의 모든 취미활동 재료를 수납하기에 적당한 장소를 찾아 '작업 코너'를 만든다. 작업 코너를 만들 공간이 없으면 재료는 작업하는 방에 둔다.

☐ 현재 진행 중인 작업에 필요한 물건들을 보관할 투명 플라스틱 수납함을 준비한다. '진행 중'이라고 상자에 이름을 붙이고 작품이 완성될 때까지 모든 재료를 그 상자에 보관한다. 작품이 완성되면 상자를 비우고 남은 재료는 다시 작업 코너로 옮긴다.

☐ 바느질 상자를 준비해서 실과 바늘, 핀과 줄자, 단추와 바늘겨레와 가위 등의 도구를 넣어둔다.

무엇부터 할까?

- 옷장이나 수납장에 남는 공간이 있으면 취미생활 재료 수납에 활용하자.
- 재료와 도구는 종류별로 넉넉히 준비하자. 예를 들어 스크랩북 제작 도

구에 쓰는 가위와 뜨개질 도구에 쓰는 가위를 따로 넣어두자. 이렇게 하면 작업할 때 필요한 물건이 언제나 상자 하나에 다 들어 있어서 좋다.
- 크기가 작은 재료들은 투명한 작은 이유식 병을 이용하면 편리하다.
- 작품을 시작하기 전에 완성된 작품으로 무엇을 할지를 생각하자. 선물할 것인가, 판매할 것인가, 아니면 나만의 즐거움을 위해 간직할 것인가? 계획을 미리 세우면 좋은 점이 두 가지 있다. 첫째, 완성된 작품이 쓸모없는 물건이 될 염려가 없다. 둘째, 작품을 빨리 완성하려는 의욕이 생기고 작업하는 동안 더 큰 만족을 느낀다.
- '진행 중'인 상자의 개수를 제한하자. 앞으로 편안한 마음으로 작업을 진행할 수 있는지 여건을 고려해서 합리적으로 준비하자. 예를 들어 동시에 세 가지 작업을 진행할 수 있는 경우 '진행 중' 상자를 세 개까지 마련해도 된다. 하지만 반대로 한 번에 한 가지씩만 작업할 수 있는 상태라면 '진행 중' 상자는 한 개만 두고 써야 한다.
- 쓰고 남은 공작 재료는 아이들의 창조적 사고력을 기르는 데 도움이 된다.

note

 진정한 창조는 미래에게 주는 선물이다. - 알베르 카뮈(작가)

정리 유지하기

1개월

♥ 공작도구 코너를 깨끗이 정돈한다.

3~6개월

♥ 몇 달 전부터 하던 작업이 있다면 시간을 내서 작품을 완성한다.

1년

♥ 1년 이상 질질 끌어온 작품이 있다면 끝내거나 중단한다.

♥ 말라버린 풀이나 마카펜 등 더는 사용할 수 없는 재료는 버린다.

PART 04

생활공간 정리하기

22 현관 ◆ 신발류는 사용빈도에 맞춰 수납한다

23 거실 ◆ 용도에 맞게 물건을 배열한다

24 아이방 ◆ '압류코너'를 만들어 스스로 정리하게 한다

25 육아실 ◆ 유아용으로 전환할 수 있는 가구를 고른다

26 침실 ◆ 집안 일을 떠올리게 하는 물건은 치운다

27 주방 ◆ 1주일 내내 쓸 물건만 남겨 놓자

28 식당 ◆ 자주 쓰는 식기는 꺼내기 쉬운 자리에 둔다

29 세탁실 ◆ 틈틈이 세탁기를 돌리자

30 욕실 ◆ 세면, 위생, 화장, 휴식의 장소로 한정하자

신발류는 사용빈도에 맞춰 수납한다

현관

집의 입구인 현관은 반드시 정리가 필요한 곳이지요. 샹들리에와 싱싱한 꽃으로 장식된 탁자가 있는 으리으리한 입구가 아닌 현실 속의 우리 집 출입구를 생각해보세요. 신발 여러 켤레가 어지러이 널려있고, 아이들의 자전거와 놀이기구로 정신없는 곳 말이에요. 때로는 흙먼지가 날리기도 하지요? 좁은 공간에 사람들이 자주 들락거리는 만큼 걸리적거리는 것이 없어야 합니다. 또 현관은 집에 오는 손님들의 시선이 처음으로 머무르는 장소이므로 물건들을 신경 써서 정돈해둬야 해요.

보통 현관 입구에 수납을 겸한 신발장이 있지요? 그 신발장이 제 기능을 잘 수행하고 있나요, 아니면 잡동사니로 가득 찬 너저분한 공간이 되어 있나요? 후자라면 현관 수납장 안에 있는 물건들에 대해 결단을 내려야 합니다. 하지만 너무 걱정하진 마세요. 다 요령이 있으니까요.

이번주 할 일

☐ 굳이 현관에 있을 필요가 없는 물건을 모두 모은다. 가족 구성원별로 분류해서 물건 주인이 책임지고 적절한 자리로 치우게 한다.

☐ 현관 깔개를 세탁한다. 너무 낡았다면 새것으로 바꾼다.

- [ ] 현관 수납장에 있는 물건 중 필요 없는 것을 추려낸다. 그 물건을 현관 수납장에 두는 것이 최선인지 생각해본다. 예를 들어 접이 의자는 지하실 창고로 옮길 수 없을까? 보드게임은 거실에 두거나 장난감과 함께 수납하는 편이 낫지 않을까? 청소도구는 다른 수납장에 넣는 게 낫지 않을까? 현관 수납장에 꼭 있어야 할 물건만 남기고 모두 꺼내 적합한 자리를 찾아준다. 여기서 적합한 자리란 가장 많이 사용하는 자리, 쉽게 꺼내 쓸 수 있는 자리를 뜻한다. 좀처럼 사용하지 않는 물건들을 현관 수납장에서 발견했다면 중고로 판매하거나 기부하거나 버린다.
- [ ] 이제 현관 수납장 안에 있는 신발을 분류할 차례. 사이즈가 맞지 않거나, 마음에 들지 않거나, 필요가 없어져서 신지 않는 신발들을 모두 꺼내 판매하거나 기부한다. 그래도 수납장이 꽉 차 있다면 물건들을 수납할 다른 장소를 찾아봐야 한다. 판매와 기부를 늘리고 물건을 계절별로 회전시켜 가며 보관하는 것이 좋다.
- [ ] 신발류는 가족 신발의 총량을 파악하고, 사용하는 빈도에 맞춰 수납한다.
- [ ] 현관 한쪽에 모자걸이, 스포츠용품, 전신 거울을 두면 편리하다. 고리 또는 선반을 설치하면 가족들이 집에 들어와 소지품을 각자의 자리에 걸어놓을 수 있다. 고리나 벽장에 각자의 이름을 써 붙여서 구분해도 좋다.
- [ ] 긴 우산이나 접이 우산, 양산, 우산은 그대로 수납할 수 있는 선반을 설치하는 것이 좋다.
- [ ] 공동으로 사용하는 슬리퍼는 출입에 방해되지 않는 것은 물론, 수납 선반문을 열고 닫을 때 방해되지 않는 곳에 보관한다.
- [ ] 상자나 바구니를 마련해두고 기부할 물건을 모은다.

☐ 가족이나 손님이 앉아서 신발을 신을 수 있도록 현관에 간이 의자를 놓아둔다. 하단에 바구니가 달린 의자를 고르면 더욱 좋다. 가구를 살 때는 항상 수납공간이 있는 것을 선택한다는 원칙을 세우면 공간 활용에 용이하다.

무엇부터 할까?

- 현관 수납장의 선반 하나는 비워두었다가 그때그때 가지고 들어오는 물건을 올려놓자.
- 여름철에는 선크림, 비치타올, 살충제, 모자, 수영복 등을 커다란 가방에 담아 현관문 근처에 둔다.
- 젖은 우산을 집 안으로 가지고 들어오지 않도록 우산꽂이를 따로 마련하자. 세련된 양철 우산꽂이를 현관에 비치하는 것도 좋은 방법이다.
- 현관 모퉁이를 잘 활용하자. 모퉁이는 어느 방에서나 활용도가 가장 낮은 공간이다.
- 옷걸이에 빨래집게를 매달아두면 장갑을 말릴 때 요긴하게 쓸 수 있다.

note

지금 있는 곳에서, 지금 가진 것으로, 지금 할 수 있는 일을 하라. - 시어도어 루스벨트 (정치가)

정리 유지하기

1개월

♥ 현관 유리창을 청소한다.

♥ 구두를 닦거나 더러워진 운동화를 세탁한다.

3~6개월

♥ 기부할 물건을 모으는 상자를 비운다.

1년

♥ 현관 수납장 안에 걸려 있는 물건들을 정리한다. 발에 맞지 않거나 잘 신지 않게 된 신발은 기부하고, 모자나 배낭도 불필요한 것을 골라내 처분한다. 짝이 없거나 구멍 난 장갑도 버린다.

용도에 맞게 물건을 배열한다
거실

거실은 휴식을 취하고 독서와 TV 시청을 하면서 가족이나 친구와 함께 시간을 보내는 장소입니다. 거실에서는 모든 물건이 제자리에 놓여 있는 것이 아주 중요해요. 그래야 청소가 신속하고 간편하게 이루어져 15분 내에 손님을 맞이할 준비를 끝낼 수 있거든요.

이번주 할 일

- ☐ 거실을 어떤 용도로 쓸지 정한다. 복잡하게 생각하지 말고 거실에서 가족들이 하는 일을 모두 나열해보면 된다. 가족 모임 장소로 쓰이는가? 아이들의 놀이공간으로 쓰이는가? 나의 작업공간인가? 텔레비전 시청이나 독서를 하는 장소인가? 운동을 하는 장소인가? 어떤 답이든 괜찮다. 어차피 우리 집이니까 우리 가족의 생활방식에 맞춰서 거실을 쓰면 된다.
- ☐ 거실의 용도에 비추어보아 필요하지 않은 물건을 모두 치운다. 물건들은 제자리에 가져다 놓거나 새로운 수납장소를 찾아주어야 한다. 하지만 우선은 적당한 방으로 옮겨놓기만 하고 당면한 과제에 집중하자. 거실 정리정돈을 끝내고 나서 적당한 자리를 찾아 물건들을 수납한다.

- [ ] 거실의 용도를 염두에 두고 거실 공간의 구획을 나눈다. 구획에 따라 거실에서 쓰는 물건들의 '제자리'가 정해질 것이다. 다시 말해서 장난감과 게임을 한 구획에 두고, 책과 영화를 다른 구획에 수납하고, 일거리는 또 다른 구획에 둔다. 각각의 구획에는 필요한 물건들을 수납하거나 숨기기 위한 선반이나 가구가 있어야 한다.
- [ ] 거실 탁자와 협탁 위를 깨끗이 치운다. 책과 잡지 몇 권, 잔 받침, 장식품 한두 개 외에는 탁자 위에 아무것도 놓지 않는 것을 원칙으로 한다.
- [ ] TV 리모컨은 언제든지 찾을 수 있게 정해진 자리에만 둔다. 바구니에 넣는 방법, 서랍식 수납함에 넣는 방법, 주머니에 넣어 소파 팔걸이에 걸어두는 방법 등이 있다.
- [ ] 사진은 벽에 걸어둔다. 사진을 콜라주로 만들어 현관 벽이나 계단 주변에 장식할 수도 있다. 놀이의 중심이 되는 거실 탁자 위에 사진을 올려놓으면 공연히 자리만 차지하고 걸리적거리기 때문이다.
- [ ] 신문과 잡지는 책꽂이나 바구니에 모아둔다. 신문과 잡지를 넣어 둘 때는 시선을 집중시키는 경향이 있으므로 꽉 채우지 말고 제일 좋아하는 간행물 몇 개만 넣어둔다.
- [ ] 거실에 벽난로가 있다면 상단을 말끔하게 치운다. 벽난로 역시 시선이 모이는 지점이므로 좋아하는 물건 두어 개만 놓아야 한다.
- [ ] 다 죽어가는 화초, 오래된 리모컨, 망가진 CD 케이스, 먼지가 쌓인 조화 등 불필요한 장식품은 버린다. 정말로 소중한 물건들만 간직하자.
- [ ] 지저분하거나 어울리지 않는 전등갓은 새것으로 바꾼다. 전등갓만 교체해도 방 안이 밝아지면서 분위기가 한결 좋아질 것이다.
- [ ] 벽을 말끔히 치운다. 벽에 걸린 액자 등의 장식을 모두 떼어내고 특별히 좋아하는 것만 걸자.

무엇부터 할까?

- 거실 탁자와 협탁은 될 수 있으면 서랍이 달린 것으로 사자.
- 내부에 수납공간이 있는 오토만 의자를 사면 발을 올려놓을 수도 있고 장난감, 잡지, 담요 등을 눈에 띄지 않게 수납할 수도 있어 일석이조다.
- 각종 전선과 코드는 트위스트 타이로 묶어 정리하자.
- 공예품이나 수예품으로 거실을 어지럽히지 말자. 현재 작업 중인 작품은 바구니에 담아두거나 상자에 보관하자.
- 공간이 좁은 편이라면 수납 기능이 없는 협탁은 놓지 말자. 램프를 올려놓기 위해 협탁이 필요하다면 차라리 바닥에 세우는 전기스탠드를 쓰자.
- 거실 탁자 위에 올려놓는 물건은 세 가지로 제한하자. 그렇지 않으면 탁자가 잡동사니 전시장으로 전락하기 쉽다.

note

 집은 주인의 성품을 이상화하지 않고 있는 그대로 보여준다. - 질 로빈슨(동물보호협회 회장)

정리 유지하기

1개월

- ♥ 가구에 씌운 덮개의 먼지를 털어낸다.
- ♥ 거실에 굴러다니는 물건들 가운데 원래 다른 방에 있어야 할 물건을 모두 제자리에 갖다 놓는다.

3~6개월

- ♥ 오래된 잡지를 내다 버린다.
- ♥ 전기 스위치와 문고리와 문설주를 깨끗이 닦는다.
- ♥ 거실에 놓인 전화기를 닦고 소독한다.
- ♥ 냉난방용 환풍구의 먼지를 제거한다.
- ♥ 창문 블라인드의 먼지를 닦아낸다.
- ♥ 천장의 조명등을 깨끗이 닦는다.

1년

- ♥ 거실 유리창 안쪽을 깨끗이 닦는다.
- ♥ 커튼을 세탁한다.
- ♥ 큰 가구를 치우고 진공청소기와 걸레를 이용해 바닥을 청소한다.
- ♥ 카펫이 한쪽만 닳는 것을 방지하기 위해 가구를 재배치할 필요는 없는지 생각해본다.

'압류코너'를 만들어
스스로 정리하게 한다

아이방

아이 방은 정리하기가 수월하지 않을뿐더러 정리된 상태를 유지하기가 어려운 곳입니다. 하지만 아이에게 정리정돈의 중요성을 가르치는 것은 매우 중요한 일이에요.

정리가 잘 된 집에서 자란 아이들이 학력이 더 높고 연봉을 더 많이 받는 직장에 취직한다는 연구결과도 있답니다.

이번주 할 일

- [ ] 아이 방 안에 있는 물건들을 네 가지로 분류한다.
    A. 버릴 것 : 쓰레기, 망가진 장난감, 일부 조각이 없어진 퍼즐, 망가진 상자 등
    B. 판매 또는 기부할 것
    C. 제자리에 돌려놓을 것 : 다른 방에 있어야 할 물건
    D. 그대로 아이 방에 둘 것
- [ ] 아이의 동물 봉제 인형에게 '제자리'를 정해준다. 인형은 플라스틱 사슬, 그물망, 선반 등을 활용해 다양하게 수납할 수 있다. 인형의 개수는 최소한으로 유지하자.

- ☐ 물건을 게임, 책, 놀이용 의상 등으로 분류해 말끔하게 수납한다. 속이 비치는 수납함을 이용하면 아이가 장난감을 쉽게 찾을 수 있다. 아이의 물건은 항상 아이 손이 닿는 곳에 수납해야 한다.
- ☐ 아이가 어떤 물건이 어디 있는지 파악하기 좋도록 수납함 겉면에 라벨을 붙이거나 내용물 사진을 테이프로 붙인다.
- ☐ 아이가 손대지 말아야 할 물건은 아이의 손이 닿지 않는 높은 선반에 수납한다.
- ☐ 아이 침대 밑을 청소하고 물건들을 '제자리'에 놓는다.
- ☐ 아이가 스티커, 그림, 생일카드, 색종이 등을 수납할 수 있는 파일을 준비해준다.
- ☐ 코르크 메모판을 마련해 아이가 그림이나 상장 등을 잘 보이는 곳에 붙일 수 있게 한다.
- ☐ 장난감을 가지고 놀지 않을 때는 언제까지 '제자리'에 돌려놓아야 한다는 규칙을 정한다. 제한 시간이 지났는데도 아이가 장난감을 제자리에 돌려놓지 않으면 며칠 동안 '압류 코너'에 두었다가 돌려준다. 이것은 스스로 정리하는 법을 가르치는 하나의 요령이다.

무엇부터 할까?

- 장난감과 책은 되도록 선반에 보관하자. 선반에 올려놓으면 꺼내기가 쉽기 때문이다.
- 아이가 방을 깨끗이 정돈하면 점수를 주는 시스템을 만들자. 단, 아이에게 상을 줄 때는 물건보다는 행동으로 보여주거나 이벤트를 열어주자. 장난감 따위의 물건을 주면 또다시 방을 어지럽히게 된다.
- 색깔이 예쁜 바구니를 놓고 더러워진 옷을 그 바구니에 넣으라고 하자.

- 일단 규칙을 정하면 부모가 진지한 태도를 보여야 한다. 그래야 아이도 진지하게 받아들인다.
- 잠자리에 들기 전에 아이들과 '제자리에 없는 물건' 맞추기 놀이를 하자. 방 안을 돌아다니면서 제자리를 벗어난 물건을 찾아서 원래의 자리에 가져다 놓는 식으로 놀이를 진행하면 된다.

🍃 필요없어진 장난감은 기부하거나 중고 사이트를 통해 판매한다. 녹색장난감도서관에 가서 새장난감과 교환한다.

note

아이에게 자립성을 길러주려면 혼자 힘으로 서보라고 시키는 수밖에 없다. 아이는 분명히 실수를 저지를 것이다. 그리고 자신의 실수에서 지혜를 얻을 것이다. - 헨리 워드 비처(목사)

정리 유지하기

1개월
♥ 아이에게 침대 밑과 옷장 안을 살펴보게 한다. 장난감이나 옷, 신발이 굴러다니고 있지는 않은가?

3~6개월
♥ 보존 상태가 좋지 않거나 벌레가 꼬일 수 있는 미술작품 또는 과학탐구 과제물을 모두 버린다.

1년
♥ 아이 방의 가구를 다시 배치한다. 가끔 배치를 바꿔주면 바닥이 특정한 위치만 변형되는 것을 방지할 수 있고 아이에게도 자연스럽게 변화에 적응하는 연습을 시킬 수 있다.
♥ 색이 바래거나 얼룩이 진 놀이매트는 버린다.

유아용으로 전환할 수 있는 가구를 고른다

육아실

육아실을 꾸미고 정리하기 전에 그 방에서 무엇을 할지를 정하세요. 기저귀를 갈고, 수유를 하고, 옷을 입히고, 아기를 흔들어주고, 안아주고, 책을 읽어줄 생각인가요? 육아실에서 낮잠을 재울 예정인가요? 육아실 안에 활동을 위한 영역을 할당하세요. 아기를 안아주고 흔들어주는 동시에 동화책을 읽어줄 수도 있으므로 흔들의자 근처에 책꽂이나 바구니를 두세요. 또 기저귀를 갈면서 옷을 갈아입히는 경우가 많으므로 기저귀, 베이비 로션, 아기용 연고는 의류와 가까운 곳에 수납하세요.

이번주 할 일

☐ 육아실을 어떻게 꾸미고 어떤 가구를 놓을지 결정한다. 가구를 살 때는 다용도로 쓸 수 있고 수납공간이 있는 것을 고른다. 기저귀 교환대는 따로 장만해도 되지만 서랍장 위에 기저귀 교환 패드를 깔아서 쓰는 방법도 있다. 아기 침대도 나중에 유아용 침대로 전환할 수 있는 제품이 좋다. 장기적으로 보면 비용(침대를 더 많이 사용하게 되므로 본전을 뽑는 셈이다), 시간(유아용 침대를 따로 구입하는 시간이 들지 않는다), 공간(아기 침대를 수납할 필요가 없다)이 절약되기 때문이다.

 부모는 그냥 아이를 바라보기만 해도 천사들에 대해 많은 걸 배울 수 있다. – 카렌 골드만(작가)

- ☐ 육아실에 무독성 페인트나 도배를 하고, 가구를 조립해서 넣은 후, 날짜를 잡아서 방 안이나 근처에 화재 감지기를 설치한다. 적어도 예정일 한 달 전까지는 육아실 준비를 다 끝내야 한다. 아기가 예정보다 일찍 태어날 때를 대비해야 하니까!
- ☐ 육아실에는 낮은 와트의 조명이 하나 있으면 좋다. 밤에 조용히 기저귀를 갈아주거나 수유를 할 때 굳이 조명이 밝을 필요가 없기 때문이다.
- ☐ 책과 장난감, 사진 등은 선반에 진열한다.
- ☐ 육아실에는 흔들의자를 놓아도 되고 팔걸이가 있는 소파를 놓아도 된다. 어느 쪽이든 수유할 때 편안하고 쾌적한 방법을 선택하자.
- ☐ 육아실 수납장이 만족스러운가? 공간 활용도를 높여주는 수납용품이 있으면 구입하자.

무엇부터 할까?

- 가구는 아기에게 안전한 것으로 사자. 무독성 페인트 또는 착색제를 사용한 제품이어야 하고 손잡이와 모서리가 둥글게 처리된 가구여야 한다.
- 아기 침대의 울타리 간격은 6cm 이하여야 한다.
- 육아실 수납장 문 안쪽에 수납용 주머니를 매달면 물건을 금방 꺼낼 수 있고 치우기도 편하다.
- 수납장 안에 플라스틱 통을 넣어두자. 아기가 자라서 필요가 없어진 물건들을 그 통에 보관했다가 때가 되면 판매하거나 기부하자.
- 수납장 안에 봉을 하나 더 매달아 공간을 추가로 확보하자.

기저귀 가방 점검표

♥ 기저귀 교환
- 기저귀
- 휴대용 파우치에 담긴 손수건
- 비닐봉지
- 기저귀 발진연고
- 기저귀 교환용 패드
- 베이비 로션

♥ 옷 갈아입히기
- 여분의 옷 2벌
- 외출용 우주복
- 양말
- 턱받이 2개
- 담요
- 모자
- 벙어리장갑

♥ 수유
- 이유식
- 분유
- 아기 과자

- 물병

♥ 그 외
  - 고무젖꼭지 2개
  - 장난감
  - 치발 장난감(치아가 날 때 아기 입에 물려주는 장난감)
  - 자외선 차단제
  - 해열제 외 구급약품

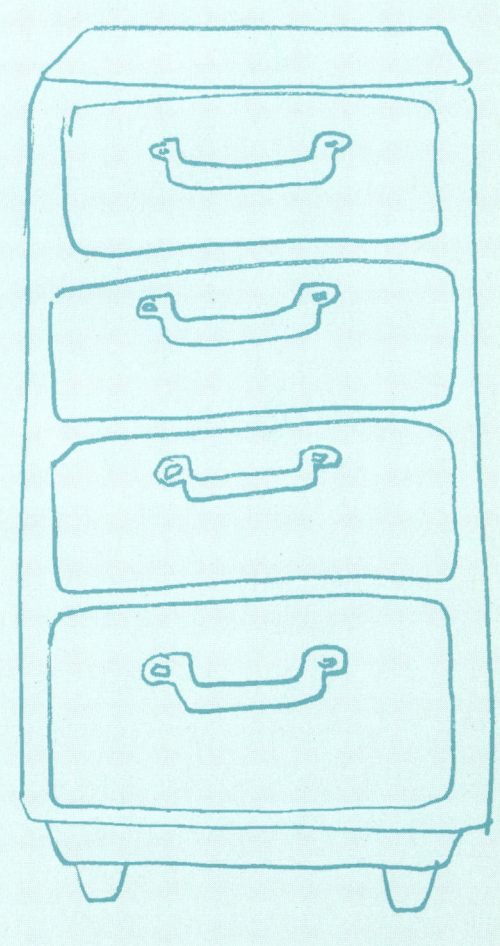

집안 일을 떠올리게 하는 물건은 치운다

침실

이번에는 우리가 하루 중에서 3분의 1의 시간을 보내는 침실로 갑니다. 침실은 나만의 유일한 은신처이자 편안히 쉬면서 피로를 회복하는 장소입니다. 전문가에 따르면 규칙적인 숙면은 마음을 안정시키고 수명을 늘려주며 스트레스 해소에 도움이 된다고 하네요. 하지만 잡동사니에 둘러싸여 있으면 제대로 쉴 수가 없겠지요. 당장 정리를 시작합시다.

이번주 할 일

- ☐ 침실 안에 있는 물건들을 살펴본다. 침실은 수면과 휴식과 몸단장을 하는 방이므로 이러한 활동과 관련 있는 물건만 있어야 한다. 예를 들어 다리미판이 놓여 있다든가 집안일을 떠올리게 하는 물건이 침대 옆에 있는데 어떻게 편히 쉬겠는가?
  자주 활용하지 않는 운동기구 따위가 있으면 곤란하다. 지난 몇 달간 쓰지 않았으면 다시 운동을 시작하든지 운동기구를 처분하든지 하자. 원칙적으로 다른 방에 있어야 할 잡다한 물건은 모두 치운다.
- ☐ 침대 밑을 청소하고 물건을 정리한다. 침대 밑에 수납할 물건들은 모두 투명한 플라스틱 수납함에 넣어 내용물이 잘 보이게 해서 보관한다. 침

대 밑에는 철 지난 의류, 자주 신지 않는 정장 구두, 철 지난 침구, 수납 공간이 마땅치 않은 책이나 비디오, 세워둘 공간이 없는 운동기구 따위를 수납한다.

☐ 침대 옆 협탁에 쌓인 온갖 잡동사니를 치우고 지금 읽지 않는 신문과 잡지도 모두 치운다.

선반 위에 있는 책과 오래된 잡지는 버리고 계속 수집하는 잡지라면 다른 과월호들과 함께 둔다.

협탁에 서랍이 달려 있다면 로션과 수면용 안대 따위의 물건은 서랍에 집어넣어 협탁 위를 깔끔하게 정돈한다. 화장품은 모두 욕실에 두는 것이 어떨까?

☐ 하루 두 번씩 쿠션을 침대에서 내려놓았다가 다시 올려놓을 가치가 있다면 몰라도 여분의 장식 쿠션은 치운다.

- ☐ 서랍장을 정리한다. 향수는 아주 좋아하는 것만, 그림과 장식품은 두어 개만 남기고 처분한다. 깨끗하게 세탁한 옷은 서랍장 위에 쌓아두지 말고 반드시 서랍 안에 넣는다.
- ☐ 서랍장의 서랍을 한 칸씩 열어 정리한다. 다음과 같은 물건은 버린다.
    - 짝이 맞지 않는 양말
    - 너덜너덜해진 속옷
    - 치수가 맞지 않는 옷
    - 전혀 입지 않는 수영복
- ☐ 커튼을 떼어내 세탁해서 다림질을 한 후 다시 설치한다.
- ☐ 유리창과 거울을 깨끗하게 닦는다.

무엇부터 할까?

- 베드스커트가 달린 침대커버를 쓰면 침대 밑에 수납한 물건을 완전히 가려주고 먼지가 쌓이는 것도 막아준다.
- 침대 밑에 넣을 수납함을 사기 전에 침대 밑 공간의 치수를 재어보자. 좁은 공간에 많은 침구와 의류를 수납할 때는 압축백이 적격이다. 침구를 구입할 때 딸려오는 지퍼 달린 투명 비닐백을 활용하는 것도 비용을 절감하는 하나의 방법.

note

 하루를 마무리할 때는 더 이상 미련을 갖지 말라. 당신이 할 수 있는 일은 다 했으니까. 새로운 내일이 기다리고 있다. 고요하고 평화롭게, 더할 나위 없이 행복하게 새로운 하루를 시작하라.
– 랄프 왈도 에머슨(사상가)

정리 유지하기

1개월

♥ 서랍장 위와 협탁 위에 놓인 물건을 치우고 깨끗이 청소한다.

3~6개월

♥ 창문 안쪽을 청소한다.
♥ 침대 커버를 벗겨내 매트리스를 털고 환기시킨다.
♥ 침대 커버를 세탁하고 가장자리 장식의 먼지를 턴다.
♥ 침대 밑 수납함에서 계절에 맞는 옷을 꺼낸다.
♥ 서랍장의 서랍 속 내용물을 정리한다.

1년

♥ 침대 밑을 청소하고 정리한다.
♥ 커튼을 떼어내 세탁과 다림질을 한 후 다시 걸어놓는다.

1주일 내내 쓸 물건만 남겨 놓자

주방

모든 사람에게 환영받는 방을 하나만 꼽으라면 바로 주방이 아닐까요? 이번 주부터는 주방이라는 무시무시한 공간과 씨름해야 합니다. 주방은 손님들에게 훤히 보이는 방이기 때문에 집에서 가장 중요한 공간이라고 해도 과언이 아니에요. 식사 준비부터 가족 간의 대화에 이르기까지 다양한 활동을 하는 공간이기도 하고요. 그러니 주방이 정갈하고 깨끗해야겠지요? 가장 눈에 잘 띄는 부분인 조리대부터 정리를 시작해서 벽과 바닥으로 넘어가기로 해요.

조리대에는 1주일 내내 주방에서 쓰는 물건들이 놓여 있어야 합니다. 두 달에 한 번 쓸까 말까 한 찜기는 수납장에 넣어두어야 해요. 조리대의 주된 기능은 식사 준비입니다. 소소한 가전제품이나 정기적으로 쓰지 않는 물건들을 잔뜩 올려놓아 이 귀중한 공간을 어지럽히지 마세요.

이번주 할 일

- [ ] 요리 및 상차림과 관련이 없는 물건을 모두 골라내 다른 방으로 옮긴다. 주방에 청소용품이 있다면 벽장이나 다용도실로 가져가고, 장난감과 스포츠용품이 있다면 아이 방이나 창고에 수납한다. 일단은 주방을 정리하는 일에 집중해야 하므로 물건들을 일단 다른 방에 옮겨두었다가 나중에 그 방을 정리할 때 마땅한 수납공간을 찾아준다. 자주 쓰지 않거나 특정한 계절에만 쓰는 물건은 굳이 주방에 두지 않아도 된다.
- [ ] 조리대 위에 있는 조리도구 중 매일 쓰지 않는 물건을 치운다. 고장이 났거나 사용하지 않는 물건을 모두 처분하고 나머지 물건은 적절한 위치를 정해서 수납한다.
- [ ] 벽면의 불필요한 장식품이나 소품을 없앤다.
- [ ] 조리대에 놓여 있는 서류와 우편물, 잡지와 신문을 몽땅 치운다. 대강 훑어보고 날짜가 지났거나 다시 읽지 않을 것들은 모두 버린다.
- [ ] 주방에 간단한 '서류 코너'를 만든다. 모든 서류 및 영수증을 하나의 바구니에 집어넣는다. 서랍이나 정리함도 괜찮다.

무엇부터 할까?

- 조리대를 깔끔한 상태로 유지하기 위해서는 조리도구를 사용하고 나면 즉시 수납장에 넣는 습관을 들여야 한다. 음식재료, 양념통, 접시를 여기저기 놓아두지 말자. 잠깐만 시간을 투자해서 물건들을 제자리에 두면 나중에 엉망이 된 조리대를 치우지 않아도 되므로 결과적으로 시간이 많이 절약된다.
- 주방의 '서류 코너'에 작은 게시판을 만들어 가족의 주요 행사와 약속

을 기록하는 공용 달력으로 쓰면 좋다.
- 공간이 넉넉한 경우 주방에 아동용 탁자를 놓으면 아이가 요리를 거들거나 구경하기에 좋다. 부모도 요리하는 동안 아이를 지켜볼 수 있으므로 마음이 놓인다.
- 주방에 있는 동안 기분 전환을 하고 싶으면 찬장 아래에 작은 라디오를 설치하자.

note

 가정이 의미가 없다면 세상에 무엇이 의미가 있겠는가? - 헨리에타 리퍼거(살림 전문가)

정리 유지하기

1개월

- ♥ 조리대 위에 널려 있는 물건과 주방에 필요하지 않은 물건을 모두 치운다.
- ♥ 찬장, 조리대 뒤쪽의 벽면, 주방용 가전제품을 깨끗이 닦고 쓰레기통을 비운 후 안쪽까지 깨끗하게 닦는다.

3~6개월

- ♥ 토스터나 오븐 토스터 안쪽의 빵 부스러기를 제거한다.
- ♥ 식기건조대를 세척하고 싱크대를 살균 소독한다.
- ♥ 전자레인지와 오븐 안쪽을 깨끗이 닦는다.

1년

- ♥ 수저를 모두 꺼내고 수저통 또는 서랍 내부를 깨끗이 닦는다.
- ♥ 수납장 내부를 정리하고 행주로 닦는다.
- ♥ 레인지 후드 필터를 세척한다.

자주 쓰는 식기는
꺼내기 쉬운 자리에 둔다

식당

식당을 정리하기 전에 실생활에서 가족들이 식당을 어떻게 쓰고 있는지 생각해보세요. 휴일에 손님을 초대해 저녁식사를 대접하는 것은 그저 한낱 꿈일 뿐, 실제로는 식탁에 세탁물, 숙제, 공예품 따위가 널려 있지 않나요? 식당에서 식사를 얼마나 자주 하나요? 매일? 1주일에 한 번? 특별한 날에만?

정리는 실제 쓰임새에 맞게 하면 됩니다. 예를 들어 식당이 아이들 놀이공간으로 쓰이고 있다면 한쪽 모퉁이에 장난감 코너를 만들고 손님들이 올 때는 칸막이나 예쁜 천으로 가리세요. 식당에서 취미생활이나 학교 숙제를 자주 한다면 식탁 표면에 흠집이 나지 않도록 식탁보나 가죽 커버를 깔아두세요.

이번주 할 일

☐ 그릇과 컵, 접시 등을 모두 분류해 다음과 같은 물건은 버리거나 기부한다.
- 이빨이 빠진 접시나 깨진 유리그릇
- 얼룩이 심하게 진 지저분한 식탁보와 천 냅킨
- 거의 쓰지 않는 식기세트나 컵

- 여러 개가 있어서 남아도는 찻잔 세트
- ☐ 식기 세트를 수납할 장소를 정한다. 비슷한 물건끼리 같이 수납하고 자주 쓰는 식기일수록 꺼내기 쉬운 자리에 둔다.
- ☐ 식당 안의 가구를 점검한다. 용도에 맞는 가구가 모두 있는가? 의자와 수납가구가 제대로 갖추어져 있는가?
- ☐ 벽에 붙어 있는 장식 중에 정말로 보기 좋은 것 한두 개만 남겨두고 모두 떼어낸다.
- ☐ 전등갓은 벗겨서 먼지를 털어 다시 씌운다. 필요한 경우에는 전구도 갈아 끼운다.
- ☐ 식당에 창문이 있다면 떼어내서 깨끗이 닦아 끼운다.

무엇부터 할까?

- 식당 정리정돈은 우리 가족의 생활방식에 맞게 하자. 예를 들어 식당에서 아이들과 게임을 하거나 만들기를 하려면 단순한 식탁보를 깔아야 한다.
- 그릇을 선반에 진열하거나 유리문이 달린 수납장에 넣으면 시각적인 효과도 얻을 수 있다.

- 놋그릇처럼 변질되기 쉬운 그릇은 녹을 방지하기 위해 특수처리가 된 천에 싸서 보관하자.
- 식탁 위에 장식품을 두려면 높이에 유의하자. 식탁에 둘러앉은 사람들의 시야를 가리는 장식품은 곤란하다.

🌿 식사를 할 때 커다란 접시에 음식을 담아 1인분씩 덜어가게 하면 편리할 뿐 아니라 음식물 쓰레기도 줄어든다.

note

쓸모없어 보이는 물건과 아름답지 않은 물건은 집에 두지 마라. - 윌리엄 모리스(시인)

정리 유지하기

1개월

♥ 식탁 위에 있는 잡동사니를 모두 치운다. 가족들이 공작이나 서류 작업을 식탁에서 많이 한다면 식탁이 곧 작업대인 셈이다. 식당에 수납함을 두면 청소하기도 수월하고 식탁을 깔끔하게 유지하는 데도 도움이 된다.

3~6개월

♥ 식당의 조명이 어두운 경우 전구를 갈아준다.

1년

♥ 이가 빠지거나 쓸모없어진 그릇을 정리한다.
♥ 은이나 놋그릇을 천으로 닦아 광을 낸다.

틈틈이 세탁기를 돌리자

세탁실

세탁실은 의류를 세탁하고 관리하는 곳입니다. 하지만 이미 세탁한 깨끗한 옷을 세탁실에 두면 어질러지기만 하고 결국 빨랫감만 더 늘어나게 마련이지요. 건조기에서 옷을 꺼내자마자 다른 방으로 옮기는 습관을 들이세요.

요즘에는 세탁기의 디자인이 다양하고 색깔이 예쁜 제품이 많이 출시되고 있어요. 그렇지만 무엇보다 나에게 잘 맞고 우리 집 공간을 효율적으로 활용할 수 있는 제품을 골라야 합니다.

이번주 할 일

- ☐ 우선 세탁이 끝난 옷을 다른 방으로 옮긴다. 깨끗한 옷은 세탁실이 아니라 서랍장이나 옷장에 있어야 한다.
- ☐ 온 가족의 빨랫감을 세탁실에 모으는 경우 바구니나 통을 마련한다. 빨랫감은 반드시 그 통에만 넣어야 한다는 규칙을 만들어 엄격하게 시행한다. 예를 들어 통에 들어 있는 옷만 세탁한다는 규칙을 정한다.
- ☐ 세탁실을 둘러보며 전반적인 상태를 점검한다. 세탁기 근처에 세제, 표백제, 섬유유연제를 보관할 선반이나 수납가구가 있는가? 주름이 잘 가는 옷을 걸어두는 옷걸이가 있는가? 옷걸이를 매달 봉이 있는가? 건조

기에 넣을 수 없는 옷을 말릴 건조대가 있는가? 필요한 물품과 시설이 없으면 구입한다. 다리미와 다리미판을 수납할 공간이 있는지도 확인해야 한다.

☐ 세제를 하나씩 살펴보면서 빈 통은 모두 버리고 개봉한 제품이 2개 이상이면 내용물을 하나로 합친다. 섬유유연제, 표백제 등 다른 세탁용품도 똑같은 방법으로 점검한다. 앞으로는 기존에 개봉한 제품을 다 쓰기 전까지 새 제품을 개봉하지 말자!

☐ 새 제품을 구입했는데 향이 마음에 들지 않거나 알레르기 반응이 있다면 제조업체에서 환불을 받을 수 있는지 알아본다. 환불이 불가능하면 가까운 쉼터에 기부하거나 버린다. 쓰지 않는 물건들이 공간만 차지하는 것은 바람직하지 않다.

☐ 개봉한 세탁용품 중 오래된 것은 버린다. 세제는 개봉한 시점에서 7개월, 표백제는 6개월 이내에 쓰는 것이 좋다.

☐ 세제, 섬유유연제, 부분세척제, 표백제 등은 세탁기와 가까운 곳에 둔다.

☐ 식구 수대로 바구니를 마련해서 각자 빨랫감을 넣도록 하고 세탁 후에도 각자 자기 옷을 개거나 치우도록 한다. 깨끗한 옷은 세탁실에 두지 못하게 한다.

☐ 가족들에게 옷을 뒤집어서 빨래바구니에 넣지 말라고 한다. 뒤집힌 옷은 세탁해주지 않는다는 규칙을 정하자.

☐ 바구니 하나를 따로 마련해 드라이클리닝할 옷을 담는다. 모든 가족이 바구니를 같이 이용하고 꽉 차면 한꺼번에 세탁소에 맡긴다.

무엇부터 할까?

- 빨랫감이 산처럼 쌓일 때까지 두지 말자. 평소에 다른 일을 하면서 세탁기를 돌리면 주말에 온종일 빨래를 하지 않아도 된다.
- 주름이 잘 생기는 옷은 건조기에서 꺼내자마자 걸어놓자.
- 좋아하는 TV 프로그램을 보면서 빨래를 개자.
- 빨래를 정리할 때 아이들과 함께 양말 짝 맞추기 게임을 하면서 정리를 하는 데 참여시키도록 하자.
- 화재위험을 줄이기 위해 건조기를 돌리고 나서 거름망을 청소하자.

🍃 드라이클리닝이 필요한 옷을 사지 말자!

note

 세상에 색깔로 구분해야 할 것은 빨래밖에 없다. —작자 미상

정리 유지하기

1개월

- ♥ 드라이클리닝이 필요한 옷을 세탁소에 맡긴다.
- ♥ 주의해서 취급해야 하는 옷이 쌓이면 손빨래를 한다.
- ♥ 세탁실에 오랫동안 방치된 깨끗한 옷을 모두 꺼낸다. 가족들이 자기 옷을 제대로 치우지 않는다면 방치된 옷을 종이가방에 넣어 '압류 코너'에 보관했다가 세탁실 이용 규칙을 잘 지키면 되돌려준다.

3~6개월

- ♥ 세탁용품을 살펴본다. 쓰지 않는 제품은 버리고 똑같은 제품이 여러 개 있을 경우 하나로 합친다.

1년

- ♥ 부피가 커서 세탁기나 건조기에 들어가지 않는 솜이불, 커튼, 베개와 같은 빨랫감을 세탁소에 맡기거나 손빨래한다.
- ♥ 세탁기의 전기 연결부를 점검한다. 모든 부품이 정상적으로 작동하고 있는지 확인한다.

세면, 위생, 화장, 휴식의 장소로 한정하자

욕실

우리가 아침에 눈을 뜨고 나서 처음 마주하는 공간이 바로 욕실이지요. 난장판 속에서 하루를 시작하는 사람은 스트레스로 가득 찬 하루를 맞이할 가능성이 큽니다. 욕실은 집에서 가장 작은 방이지만 한편으로는 우리가 적지 않은 시간을 보내는 곳이기도 해요. 욕실에 수납하는 물건은 세면, 위생, 화장, 휴식과 관련된 것으로 한정하세요.

이번주 할 일

- ☐ 세면대 위에 있는 물건을 모두 치운다. 세면대를 깨끗이 닦고 나서 비누, 칫솔과 치약, 미용티슈 등 꼭 필요한 물건만 다시 올려놓는다.
- ☐ 세면대에 올려놓지 않을 물건들은 욕실 수납장에 넣어주되 비슷한 물건끼리 모아서 수납한다. 예를 들어 화장품과 모발관리용품, 방향제와 향수, 비누와 샴푸, 컨디셔너, 여분의 휴지와 미용티슈별로 수납한다.
- ☐ 세면대 하부, 욕실 화장대나 서랍장의 얕은 서랍, 약품 캐비닛, 선반, 수납장에 있는 물건들을 살펴보고 다음과 같은 것들은 버린다.
  - 2년 이상 지난 자외선 차단제
  - 반쯤 남은 오래된 치약

- 쓰지 않는 샴푸와 컨디셔너
- 유효기간이 지난 약품
- 잘 쓰지 않거나 고장난 드라이어와 고데기
- 무뎌진 족집게
- 1년 이상 지난 화장품
- 오래된 면봉과 화장용 스펀지
- 샘플 중 쓰지 않는 것
- 찢어지거나 구멍이 난 수건

☐ 욕실 문 안쪽에 고리를 설치하거나 벽에 수건걸이 봉을 추가로 설치해 수건과 목욕 가운을 걸어둔다.

☐ 세면대 아래 공간이 좁은 경우에는 수납용품을 더 장만한다. 요즘에는 다양한 욕실용 수납용품이 나와 있다. 특히 층층이 쌓을 수 있는 투명한 서랍식 수납함을 추천한다.

☐ 샤워기가 있는 벽면에 수납선반을 설치하거나 바구니를 달아 작은 통에 담긴 샴푸, 린스, 바디워시 등을 수납하면 좋다.

☐ 샤워기 주변이나 욕조에 장난감을 두고 싶으면 샤워기가 있는 벽면에 망사 바구니를 매달아보자. 물이 고이지 않기 때문에 장난감에 곰팡이가 피지 않아서 좋다. 망사 바구니는 마트의 유아용품 코너에서 쉽게 살 수 있다.

무엇부터 할까?

- 선반에 공간이 부족하다면 수건과 샤워 타월을 돌돌 말아 예쁜 바구니에 넣어 샤워기 옆에 수납한다.
- 세면대 밑에 수납공간이 부족하다면 층층이 쌓을 수 있는 플라스틱 서

납식 수납함을 활용하자. 저렴한 비용으로 공간을 넓게 쓸 수 있다.
- 고체로 된 비누보다는 액상 비누를 쓰자. 보기에도 좋고 청소할 거리도 줄어든다.
- 화장품은 서랍에 넣는 것보다 가방에 넣어두는 편이 낫다. 화장품을 가방에 넣어두면 치우거나 들고 나가기가 편하다.
- 화장품 가짓수를 줄이자. 나이트크림과 데이크림, 핸드크림과 풋크림, 얼굴용 썬크림과 몸에 바르는 썬크림, 베이스 매니큐어와 탑코트 매니큐어처럼 두 가지로 나뉜 제품을 될 수 있으면 쓰지 말자. 하나만 쓰면 그만큼 공간이 절약된다.
- 마음에 들지 않아 쓰지 않는 샴푸와 컨디셔너와 바디워시가 있다면 새 제품을 개봉하기 전에 버린다. 반쯤 남은 제품을 수납하느라 샤워기 주변의 귀중한 공간을 낭비하지 말고 한 번에 하나씩만 쓰자!
- 휴지, 치약, 헤어스프레이 등의 소모품은 이미 개봉한 제품과 새 제품을 함께 수납하지 말자. 새것과 헌것이 섞여 있으면 다 쓰기도 전에 새것을 개봉하고 싶은 욕구를 느낄지도 모르니까.
- 약품은 아이가 쓰는 물건과 멀리 떨어뜨려 놓아야 한다.

note

휴식과 재충전은 사치가 아니라 필수다. - 찰스 스윈돌(저술가)

정리 유지하기

1개월

♥ 오래된 칫솔을 모두 교체한다.

3~6개월

♥ 샤워커튼을 떼어내 취급표시에 따라 세탁한다.
♥ 망가진 욕실용 장난감을 버린다.

1년

♥ 화장품을 하나씩 살펴보고 지난 1년간 쓰지 않았던 물건은 모두 버린다.
♥ 해진 수건을 모두 버린다. 필요한 경우 잘라서 걸레로 만들어 쓴다.

PART 05

사적인 공간 정리하기

- **31 나의 옷장** ◆ 옷걸이는 한 방향으로 통일한다
- **32 아이 옷장** ◆ 서랍 한 칸에 한 종류의 옷만 수납한다
- **33 보석과 장신구** ◆ 착용할 때 기분이 좋아지는 장신구만 남긴다
- **34 책상** ◆ 효율적인 홈오피스 공간을 만들자
- **35 책, CD, DVD** ◆ 읽은 책 목록을 컴퓨터에 저장하자
- **36 잡지와 신문** ◆ 나에게 필요한 기사는 즉석에서 오려내자
- **37 기념품** ◆ '지금도' 의미있는 것만 남긴다

옷걸이는 한 방향으로 통일한다

나의 옷장

자, 이번 주는 여러분이 두려워했을, 혹은 손꼽아 기다렸을 순서입니다. 바로 옷장 정리예요! 지금이야말로 여러분의 옷장을 보기 좋게 정리할 완벽한 기회니까 절대 미루지 마세요. 제 고객들도 십중팔구는 옷장 때문에 정리전문가의 손을 빌리고 싶어 하시는 분들이랍니다. 어떤 옷장이든 간에 정리의 제1원칙은 모든 물건을 정해진 자리에 수납하되 눈에 잘 보이고 꺼내기 쉬운 자리에 두는 것입니다. 자주 쓰는 물건일수록 손이 닿기 편한 자리에 수납하세요. 옷장을 다른 사람과 같이 쓰고 있다면 각자의 공간을 나눠서 쓰세요.

　모든 물건을 꺼내기 쉬운 자리에 넣을 수 없다면 옷장 안의 공간에 비해 물건이 너무 많다는 뜻입니다. 그렇다면 물건을 더 버려야 해요! 옷을 바싹 붙여놓으면 구겨지기 쉬우니까 옷장을 너무 꽉 채우지 마세요. 필요 이상으로 많은 옷은 본인에게는 짐이지만 다른 누군가에게는 축복이 될 수도 있답니다. 어떤 물건을 다른 사람이 더 유용하게 쓸 것 같으면 그 사람에게 주어야 한다는 것이 저의 지론이에요. 제가 거의 입지 않는 후드 티셔츠를 우리 동네 노숙자 쉼터의 누군가가 절실히 필요로 할지 누가 알겠어요?

이번주 할 일

☐ 일단 버리는 일부터! 정리전문가들은 집 안의 물건을 전부 다 꺼내놓는 것을 좋아하지 않는다. 어질러진 부분을 좁혀 나가는 편이 훨씬 간단하지 않은가? 옷장 안을 훑어보면서 다음과 같은 물건을 모두 꺼낸다.
- 1년 이상 입지 않은 옷
- 착용감이 좋지 않은 옷
- 유행이 지난 옷
- 단순히 마음에 들지 않는 옷
- 치수가 맞지 않는 옷
- 해졌거나 찢어졌거나 얼룩진 옷

이렇게 꺼낸 옷 중에 상태가 괜찮은 옷은 기부 또는 위탁판매 방식으로 처리하고 찢어지거나 상한 옷은 버린다. 신발과 벨트, 가방, 스카프와 넥타이 따위의 소품도 모두 같은 방법으로 처리한다.

☐ 철 지난 옷을 모두 옷장에서 꺼내 다른 수납장에 넣거나 플라스틱 수납함에 넣어서 침대 밑에 둔다.

☐ 옷장 안의 물건이 어느 정도 줄었는가? 그렇다면 옷장 안의 남은 물건을 다 꺼내 침대나 바닥에 늘어놓는다. 물론 아름다운 광경은 아니겠지만 새로운 출발을 하려면 이렇게 하는 수밖에 없다. 우선 망가졌거나 휘어진 옷걸이는 버린다. 그리고 나서 텅 빈 옷장을 들여다보면서 공간을 가늠해본다. 봉을 더 달아야 하나? 넥타이 걸이를 설치하거나 선반을 새로 달아야 하나? 옷장 공간을 효율적으로 활용하기 위해 필요한 조치를 취하자.

☐ 옷을 걸 때는 일단 종류별로 나눈 다음에 색깔별로 구분한다. 예를 들면

반팔 셔츠를 한데 모아 색깔별(흰색, 분홍색, 자주색, 녹색, 파란색, 검은색, 혼합색 등)로 구분해서 건다. 긴팔 셔츠, 바지, 치마, 원피스도 같은 방식으로 정리한다. 이렇게 하면 옷장이 깔끔해 보이고 옷을 쉽게 코디해서 입을 수 있다. 옷을 옷걸이에 걸 때는 한 방향으로 통일해서 가지런히 건다.

- [ ] 네트에 자주 사용하는 액세서리를 정리하자. 네트는 서랍처럼 쉽게 꺼내 사용할 수 있고 내용물을 한눈에 알아볼 수 있으니 자주 사용하는 모자나 가방 같은 액세서리를 보관한다. 네트 안에 수납할 때도 최대한 물건의 부피를 줄여서 수납한다.

무엇부터 할까?

- 옷장 안의 공간이 충분하지 않다면 바지걸이에 봉을 하나 더 설치하면 어떨까? 원래의 봉에 연결하기 쉽도록 고리 달린 봉을 준비하자.
- 옷장 안이 지나치게 어두운 경우 벽에 장착할 수 있는 배터리 조명을 활용하자. 배터리 조명은 실내장식 용품점에서 쉽게 구할 수 있다.
- 철 지난 옷을 수납함에 넣을 때 드라이어 시트 한두 장을 함께 넣으면 시간이 지나도 퀴퀴한 냄새가 나지 않는다.
- 스타킹이나 레깅스는 구김이 잘 생기지 않으면서도 자주 사용하기 때문에 선반에 파일 박스를 두고 돌돌 말아서 보관한다.

note
_____
_____
_____
_____
_____

 어느 세대나 오래된 관습을 비웃고 새로운 유행을 열렬히 숭상한다. - 헨리 데이비드 소로(작가)

정리 유지하기

1개월

♥ 옷장 안을 훑어보면서 정리가 안 된 옷을 제자리에 걸어놓는다. 모든 옷이 일정한 방향으로 똑바로 걸려 있는지 확인한다.

3~6개월

♥ 철 지난 옷이 있던 자리에 계절에 맞는 옷을 넣는다.

♥ 솔직해지자. 올해 입지 않았던 옷은 내년에도 입지 않을 것이다! 계절이 다 지나도록 입지 않았던 옷은 판매하거나 기부한다. 나머지 옷은 침대 밑에 넣어둔다.

1년

♥ '이번 주 과제'를 한 번 더 수행하면서 옷장을 깨끗이 청소한다.

서랍 한 칸에 한 종류의 옷만 수납한다

아이 옷장

아이들은 빨리 자라기 때문에 입던 옷도 금방 작아지곤 합니다. 아이들 옷장에 몸에 맞고 계절에 맞는 옷을 걸어주는 일은 영원히 끝나지 않는 숙제지요. 수시로 새 옷을 넣어주고 오래된 옷은 처분해야 하잖아요. 세탁이 끝난 옷을 옷장에 넣어 정리하는 일은 기본이고요.

개인적으로 저는 아이들 옷장에 봉을 2단으로 설치하는 방법을 선호한답니다. 옷을 수납할 공간이 2배로 넓어지고 신발과 소품까지 함께 수납할 수 있거든요.

아이들 옷장의 일차적인 기능은 제철 의류와 치수가 맞는 옷을 꺼내기 쉬운 곳에 수납하는 것이라는 점을 잊지 마세요.

이번주 할 일

- ☐ 찢어지거나 심하게 얼룩이 져서 물려주거나 판매하거나 기부할 수 없는 옷을 모두 버린다.
- ☐ 너무 작아져 못 입는 옷을 옷장에서 모두 꺼낸다. 아이에게 직접 입혀보면서 골라내는 방법도 있다. 동생에게 물려줄 예정이라면 작아진 옷들을 플라스틱 수납함에 넣어 동생 옷장에 넣어둔다. 플라스틱 수납함 겉

면에는 옷 치수를 기록한 라벨을 붙인다. 아니면 아이의 옷장에 상자를 하나 두고 작아서 못 입게 되는 옷을 모두 집어넣었다가 상자가 꽉 차면 기부하거나 중고로 판매한다.

- [ ] 철이 지난 옷을 모두 옷장에서 꺼내 수납함에 넣어 아이 침대 밑에 둔다.
- [ ] 아이 옷장을 싹 비우고 수납 계획을 세운다. 선반과 고리와 봉은 충분한가? 아이의 손이 닿을 만한 높이인가? 필요한 시설을 추가해 옷장을 개조한다.
- [ ] 아이의 옷을 옷장에 걸 옷과 서랍에 넣을 옷으로 나눈다. 치마, 셔츠, 바지, 원피스, 투피스 정장 등 종류별로 걸어놓으면 옷을 입힐 때 시간이 절약되고 아이가 혼자서 옷을 갈아입을 때도 편하다.
- [ ] 아이의 옷을 서랍장에 정리할 때는 서랍 한 칸에 한 종류의 옷만 수납한다. 예를 들어 칸마다 잠옷, 속옷과 양말, 바지, 셔츠, 후드 티셔츠 등을 보관하면 정리하기도 쉽고 필요한 옷을 꺼내기도 편하다.
- [ ] 아이의 옷장 한쪽 편을 '학교 물품 구역'으로 지정해서 책가방과 학용품을 두게 한다.

무엇부터 할까?

- 아이가 자기 옷을 스스로 걸어놓게 하려면 봉과 고리가 손이 닿는 높이에 있어야 한다. 봉과 선반은 높이 조절이 가능하도록 설치하자. 그래야 아이가 자라는 동안 편리하게 옷을 수납할 수 있다.
- 모유나 분유가 묻어서 생긴 얼룩은 시간이 갈수록 진해지고 선명해지는 경향이 있다. 따라서 아이가 아기 때 입던 옷을 보관할 때는 특별히 주의하자. 아기 옷들은 상태가 좋을 때 기부하는 것이 좋다. 몇 년씩 묵혀두다가 꺼내보면 옷감이 상해 있을지도 모른다.

- 아이의 옷장 문 뒤쪽에 투명한 플라스틱 정리대를 걸어놓자. 아이들이 애착을 버리지 못하는 자잘한 물건들을 여기에 수납하면 깔끔하게 정리할 수 있다.

note

 우리는 아이들에게 인생에 관한 모든 것을 가르치려 들지만, 아이들은 우리에게 인생이란 무엇인가를 가르쳐준다. - 안젤라 슈윈트(작가)

정리 유지하기

1개월

♥ 서랍장에 든 아이 옷을 모두 꺼내 치수가 맞지 않거나 찢어진 옷을 처분한다. 서랍을 항상 말끔하게 정리해두면 아이 스스로 옷가지를 집어넣으면서 정리하는 방법을 터득할 수 있다.

3~6개월

♥ 철이 바뀔 때마다 아이의 옷을 바꿔 걸어준다. 제철 옷을 꺼내고 철 지난 옷은 치운다. 철이 바뀌어서 아이들이 입지 않을 만한 옷은 동생에게 물려줄 예정이 아니라면 모조리 팔거나 기부한다.

♥ 물려줄 옷을 상자에 모으고 있다면 그 상자 안에 들어 있는 옷들의 치수를 확인하고 동생이 현재 입을 수 있는 옷을 모두 꺼내 정리한다.

1년

♥ 아이의 제철 겉옷을 살펴본다. 재킷, 겨울 코트, 부츠, 장갑과 모자 따위가 작아지지 않았는지 확인하고 아이가 입을 수 없거나 잘 입지 않는 옷은 기부하거나 물려준다.

착용할 때 기분이 좋아지는 장신구만 남긴다

보석과 장신구

예쁜 장신구를 싫어하는 여성은 별로 없지요. 하지만 한번 착용했던 장신구라고 해서 언제까지나 보관할 수는 없겠지요? 이번 주에는 여러분이 가지고 있는 가방과 핸드백, 보석, 벨트와 모자의 재고를 조사할 차례입니다. 유행과 취향은 바뀌게 마련이므로 이번 주의 과제는 여러분의 장신구가 각자의 개성에 맞는지 확인하는 데 중점을 둡니다. 여러분이 실제로 착용하고, 정말로 좋아하고, 착용할 때 기분이 좋아지는 장신구만 남기는 거예요. 오래된 가방과 유행이 지난 액세서리를 처분할 줄 알아야 새로운 물건들을 내 삶에 받아들일 여유가 생긴다는 이치를 명심하세요.

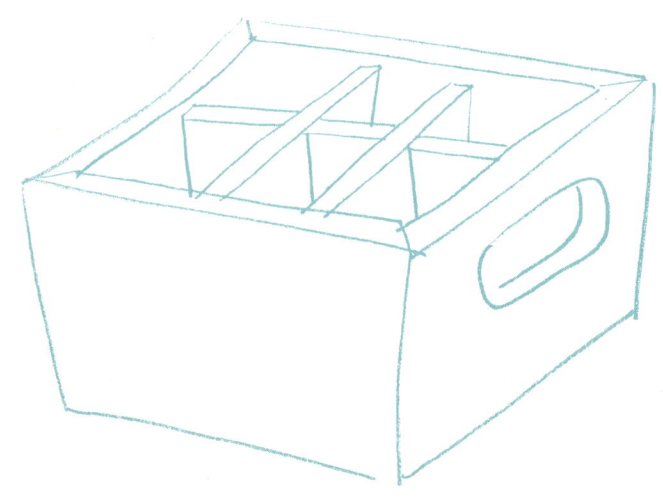

이번주 할 일

☐ 가방을 모두 모은다. 나는 가방을 얼마나 자주 바꾸는가? 계절에 따라 바꾸는가, 아니면 옷에 따라 바꾸는가? 나의 습관을 염두에 두고 손가방을 분류해서 다음과 같은 물건은 버린다.
- 지난 1년간 한 번도 들고 나가지 않은 것
- 지퍼나 끈이 망가진 것
- 낡았거나 때가 탔거나 초라해 보이는 것
- 유행에 한참 뒤떨어진 것

☐ 가방을 어떻게 수납할지 결정한다. 옷장 안에 고리를 설치해 걸어놓아도 되고, 벽에 자리가 없을 때는 투명한 플라스틱 수납함에 담아 선반에 올려놓으면 일일이 꺼내지 않아도 잘 보인다.

☐ 벨트를 한 곳에 모두 모아 분류하고 다음과 같은 것은 버린다.
- 지난 1년간 한 번도 착용하지 않은 것
- 망가지거나 해졌거나 초라해 보이는 것
- 몸에 맞지 않는 것

☐ 모자를 한 곳에 모아 분류하고 다음과 같은 것은 버린다.
- 앞으로 착용하지 않을 듯 싶은 것
- 치수가 맞지 않는 것
- 보기 좋지 않은 것

☐ 장신구를 한 곳에 모두 모아 분류하고 다음과 같은 것은 버린다.
- 짝이 맞지 않는 귀걸이
- 수리할 가치가 없는 고장난 손목시계
- 죔쇠가 망가진 목걸이

- 너무 크거나 너무 작거나 망가진 팔찌
- 녹이 슬거나 지저분한 액세서리 중 세척 또는 수선할 수 없는 것

☐ 전문가에게 맡겨 수리하거나 세척할 보석은 꺼내두었다가 1주일 내에 보석상에 가져간다.

☐ 액세서리를 많이 구입하고 자주 착용한다면 다시는 착용하지 않거나 유행에 맞지 않는 것은 팔거나 버리거나 기부한다.

☐ 보석류를 종류별로 정리한다. 보석함의 칸막이를 잘 활용하자. 보석함은 대개 장신구의 종류를 고려해서 제작하기 때문에 반지를 끼울 길쭉한 홈, 목걸이를 걸어놓기 좋은 걸쇠, 팔찌를 넣어둘 서랍이 있다.

☐ 그동안 관리에 소홀했던 보석류는 닦아서 광택을 낸다.

☐ 값이 나가는 보석류는 감정서를 받고 보험을 든다.

무엇부터 할까?

- 여행을 떠날 때는 값나가는 좋은 보석류를 가져가지 말자.
- 가방을 새것으로 바꿀 때는 기존에 쓰던 가방을 다시 들고 다닐지 여부를 솔직하게 판단하자. 앞으로 쓰지 않을 것 같으면 판매하거나 기부하고 상태가 나쁜 경우는 버리자.
- 가방을 중고로 판매할 때 기억할 점 하나. 유행이 다 지나가기 전에 팔아야 조금이라도 높은 가격을 받는다.
- 벨트는 버클을 옷걸이 훅에 끼워서 옷장 안에 걸어놓자.

note

 진짜 재산은 금과 은이 아니라 건강이다. – 마하트마 간디(정치인)

정리 유지하기

1개월

♥ 요즘 들고 다니는 가방을 깨끗이 닦는다.

3~6개월

♥ 자주 착용하는 고가의 보석류는 잘 닦아 광택을 내거나 보석상에 클리닝을 의뢰한다.

1년

♥ 액세서리 구조조정을 한다. 낡은 것, 망가진 것, 착용하지 않는 것은 과감히 버린다.

♥ 가방을 정리한다. 지난 1년간 들고 다니지 않았던 가방은 모두 버린다.

효율적인 홈오피스 공간을 만들자

책상

저는 책상이 지저분하면 도무지 일에 집중하지 못한답니다. 서류와 일거리가 여기저기 널려 있으면 어질러진 광경 말고는 아무것도 눈에 들어오지 않거든요. 그리고 어떤 일이든 한 번에 하나씩 처리해야 능률이 높아지는 법이지요. 특히 여러가지 일을 동시에 하는 저로서는 정리를 제대로 해야만 업무를 정확히 구분해서 원활하게 처리할 수가 있답니다.

집에 있는 사무공간을 정리할 때는 가족들이 이 공간을 어떻게 쓰는지도 고려해야 합니다. 하나의 책상에서 부모는 서류를 보관하고 청구서를 처리하고 재무관리를 하고, 아이들은 숙제와 컴퓨터 게임을 한다고요? 그렇다면 높낮이 조절이 가능한 의자를 구입해 모든 가족 구성원이 편하게 앉아서 일을 보도록 하세요.

사무공간을 어지럽히는 최대의 골칫거리는 다름 아닌 서류입니다. 우리가 보관하는 서류 중에 다시 보게 되는 것은 20퍼센트에 불과하다는 사실에 유의하세요.

이번주 할 일

- [ ] 책상 옆에 커다란 상자를 두고 폐휴지함으로 활용한다. 책상에서 서류를 정리하다 보면 폐휴지함은 반드시 필요해진다. 문서 파쇄기가 없다면 이번 기회에 구입해도 좋다.
- [ ] 잘 나오지 않는 펜과 마카펜은 모두 버리고 연필은 깎아둔다.
- [ ] 클립, 고무줄, 스테이플러 심, 지우개 따위의 자잘한 문구를 모두 모아 서랍에 수납한다. 이런 물건들은 필수품이다.
- [ ] 상호가 인쇄된 편지지, 업무용 명함, 책자와 편지봉투 가운데 오래된 물건은 모두 재활용 쓰레기로 버린다.
- [ ] 사진을 끼운 액자와 같은 개인적인 물건은 책상 위에 두지 말자. 사진은 벽에 걸거나 게시판에 붙여두고 책상 위 공간은 자유롭게 활용하자.
- [ ] 책상 위의 물건을 모두 치우고 책상을 깨끗하게 닦는다. 서류는 나중에 정리해도 되니 어수선하더라도 우선 치워둔다.
- [ ] 전화기와 팩스, 프린터와 컴퓨터는 의자에 앉아 손을 뻗으면 닿는 위치에 둔다.
- [ ] 효율을 높이는 방향으로 가구를 재배치한다. 필요하다면 서류 전용 캐비닛을 마련한다. 자주 참고하는 자료와 매일 쓰는 사무용품은 의자에 앉아서 쉽게 꺼낼 수 있는 위치에 수납해야 한다. 물건을 치우기 위해 자리에서 일어나야 한다면 결국 치우지 않게 될 가능성이 크다.
- [ ] 책상 위에 플라스틱 상자나 나무 바구니를 여러 개 놓고 각각 다음과 같이 라벨을 붙인다.
    - 받은 우편물
    - 보낼 우편물

- 처리할 것
- 철할 것

책상 위에 놓여 있던 서류를 위의 기준에 따라 분류해서 상자나 바구니에 넣는다.

☐ '처리할 것'으로 분류된 서류를 검토한다. 언젠가 실행하면 좋겠다는 생각에 상자에 넣었는데 오랫동안 미뤄진 계획은 과감하게 포기한다.

☐ 접착식 메모지에 쓴 내용을 모두 모아 하나의 '할 일 목록'에 작성한다. 전자우편 계정에 '할 일 폴더'가 있다면 그것도 목록에 포함한다. 달력은 하나만 사용하자.

☐ 컴퓨터 하드 드라이브를 항상 깨끗이 비우는 습관을 들인다. '쿠키'와 쓸모없는 파일을 삭제하고 디스크 조각 모음을 실행한다.

☐ 서랍에 들어 있는 잡동사니 중에 필요 없는 물건을 모두 버린다.

무엇부터 할까?

- 각종 전선과 케이블을 깔끔하게 정리해서 걸리적거리지 않게 하고, 컴퓨터 뒤쪽에 헐겁게 늘어진 케이블들은 트위스트 타이로 묶어두자.
- 중요한 서류를 발송하는 일을 잊지 않기 위해, 외출할 때마다 '보낼 우편물' 상자를 비우는 습관을 들이자.
- '받은 우편물' 상자 안에 우편물을 쌓아두지 말자. 최대한 빨리 열어보고 '처리할 것' 또는 '철할 것'으로 분류하거나 쓰레기통에 넣자. 버릴 것은 바로바로 버리자. 편지나 청구서와 함께 들어 있었던 광고지도 마찬가지! '처리할 것'으로 분류된 우편물이 있으면 '할 일 목록'에도 일을 추가하자.
- 사무공간을 넓게 쓰려면 수직 공간을 최대한 활용하자. 선반과 캐비닛,

혼돈 속에서 단순함을 찾아라, 부조화 속에서 화음을 찾아라, 난관 속에서 기회를 잡아라.
– 알베르트 아인슈타인(과학자)

수납장과 플라스틱 서류 수납함 등은 모두 벽에 바짝 붙이자.
- 사무공간을 더 넓히고 싶으면 집 안 어딘가에 있는 협탁이나 사이드 테이블을 가져다 쓰자.
- 자주 참고하는 서류는 눈높이에 맞춰 코르크 게시판에 꽂아두면 책상을 깔끔하게 유지하는 데 도움이 된다.

정리 유지하기

1개월
- ♥ 재활용 종이함을 비우고 중요한 서류는 파쇄기로 처리한다.
- ♥ '철할 것' 상자에 있는 서류를 파일에 넣는다.

3~6개월
- ♥ '철할 것'으로 분류된 서류를 훑어보면서 그동안 밀린 일들을 처리한다.
- ♥ 컴퓨터 하드디스크를 정리한다.

1년
- ♥ 책상 서랍을 깨끗이 청소한다.

읽은 책 목록을 컴퓨터에 저장하자

책, CD, DVD

책과 CD와 DVD가 가득 쌓여 있으면 시야가 어지럽고 정신이 사납지요. 하지만 통일된 시스템을 만들어 아름답게 수납한다면 책과 CD와 DVD도 항상 깔끔하게 보관할 수 있답니다. 세로로 가지런히 세워놓든, 아니면 가로로 쌓아놓든 간에 책과 CD와 DVD는 일관된 방식으로 수납하세요. 책 제목과 음반 타이틀이 겉으로 보이게 수납해야 나중에 찾기가 수월하겠지요? 가로로 쌓아놓을 때는 꺼내기 쉬운 방법을 찾아야 합니다. 그렇지 않으면 물건들이 와르르 넘어져서 난장판이 될 수 있거든요.

이번주 할 일

- ☐ 집과 차 안에 굴러다니는 책과 CD와 DVD를 모두 모은다.
- ☐ CD와 DVD를 하나씩 꺼내 케이스와 내용물이 일치하는지 확인한다. 여기저기 굴러다니는 음반들도 한데 모아둔다.
- ☐ 책과 CD와 DVD를 다음과 같이 세 가지로 분류한다.
  - 버릴 것
  - 판매 또는 기부할 것
  - 계속 간직할 것

- ☐ '버릴 것'으로 분류된 물건들을 처분하고 '판매 또는 기부할 것'으로 분류된 물건들을 처리하는데 필요한 절차를 밟는다.
- ☐ '계속 간직할 것'으로 분류된 물건 가운데 책들을 크기순으로(세웠을 때 높이가 낮은 책에서 높은 책 순으로) 정렬한다. 책꽂이를 깨끗이 닦아내고 책들을 크기순으로 다시 꽂는다.
- ☐ '계속 간직할' CD들은 음악가 이름 순서대로 정렬해서 다시 수납한다. 음악가 이름이 인쇄된 면이 잘 보이게 수납해야 한다. CD를 여러 방에서 듣더라도 CD 케이스를 보관하는 장소는 하나로 통일한다.
- ☐ DVD를 제목 또는 장르별로 정렬해서 제목이 보이도록 수납한다. CD와 마찬가지로 DVD도 모두 한 곳에 모아 보관한다.

무엇부터 할까?

- CD와 DVD를 이용하고 나면 바로 제자리에 넣어두는 습관을 들이자.
- CD를 부직포로 된 속지가 있는 바인더에 수납하자. 속지 한 페이지에 CD를 4장 이상 수납할 수 있어 부피를 줄일 수 있다.
- CD를 층층이 쌓아놓는 방법은 될 수 있으면 피하자. 제목별로 정리한 상태에서 수직으로 쌓아놓으면 새 CD를 끼워 넣기가 아주 힘들다.
- CD를 자주 듣는다면 MP3 플레이어를 구입하는 것은 어떨까? CD에 수록된 음악을 모두 이동식 저장장치에 넣고 CD는 수납장 안으로 치우면 되니까.
- 읽은 책의 목록을 컴퓨터에 저장하자. 책 제목과 저자와 다 읽은 날짜를 기록하고 1에서 5까지 점수를 매겨두면 좋아하는 저자를 알 수 있으므로 온라인 쇼핑을 할 때 편리하다. 또 어떤 책을 읽었는지 기억하는 데도 도움이 된다.

- 처분하고 싶은 책, CD, DVD가 있다면 온라인으로 판매하자. 새 책이면 서점에서 교환할 수도 있다.
- 책을 빌려줄 때는 우리 집 주소 스티커를 첨부하자. 이렇게 하면 빌려간 사람이 다 읽고 나서 쉽게 돌려줄 수 있다.
- 책을 선물로 줄 때는 표지 안쪽에 짤막한 인사말을 쓰자.
- 오래된 연감은 정보가 유효하지 않으므로 버리자. 그런 정보는 인터넷 검색을 통해서도 쉽게 찾을 수 있다.
- 도서관에서 책을 빌릴 때마다 반납기한을 플래너에 기록하자.

note

 사람이 책을 읽는 것은 자기 자신을 알기 위해서다. 진짜 인물이든 상상 속의 인물이든 간에 다른 사람의 생각과 감정과 행동을 이해하는 것은 자기 자신이 누구이며 어떤 사람이 되고 싶은지 알아 나가는 데 반드시 필요한 과정이다. - 어슐러 K. 르 귄(소설가)

정리 유지하기

1개월

♥ 자동차 안에 있는 CD를 다른 것으로 바꿔준다.

3~6개월

♥ 친구에게서 빌려온 책이 있으면 다 읽고 나서 모두 돌려준다.

1년

♥ CD와 DVD를 모두 살펴본다. 좀처럼 듣지 않는 CD와 보지 않는 DVD를 판매하면 어떨까?

나에게 필요한 기사는 즉석에서 오려내자

잡지와 신문

하루하루 바쁘게 생활하다 보면 좋아하는 잡지와 신문을 꼬박꼬박 읽기가 어렵습니다. 느긋하게 앉아서 잡지와 신문을 읽을 시간이 나지 않을 때는 버리지도 분류하지도 못한 정기간행물이 거실 탁자에 가득 쌓이기 일쑤지요. 처음에는 '곧 읽어야지'라는 심정으로 계속 내버려두다가 간행물이 잔뜩 쌓이게 되면 언제 다 읽을지 막막하기만 합니다. 하지만 구독료를 지급한 신문이나 잡지를 그냥 버린다는 것도 낭비 같아요. 이번 주에는 신문과 잡지 더미가 지나치게 많이 쌓이지 않도록 하는 몇 가지 방법을 소개합니다.

이번주 할 일

☐ 1년 이상 지난 과월호 잡지를 모두 버리거나 기부한다. 집 안의 모든 방을 돌면서 오래된 잡지가 없는지 확인한다. 초등학생을 둔 학부모라면 잡지 한 권쯤 보관해두자. 학교 과제물 등으로 유용하게 쓰인다.

☐ 1개월 이상 지난 신문은 모두 버린다.

☐ 행사기간이 끝난 할인행사 전단이나 철이 지난 상품 카탈로그를 모두 버린다. 이용하지 않는 상점의 전단지는 바로바로 버리는 것을 원칙으

로 한다. 할인행사 전단에서 사고 싶은 물건을 발견했다면 즉시 그 부분을 오려내고 할 일 목록에 추가한다.
- [ ] 신문이나 잡지의 최신 호를 놓아둘 장소를 따로 정한다.
- [ ] 이제는 읽지 않는 잡지가 있으면 정기구독을 중단한다.

무엇부터 할까?
- 간행물을 읽을 시간이 나지 않으면 최신호를 가방에 넣어두거나 자동차에 두었다가 줄을 설 때나 약속시간을 기다릴 때 읽자. 아니면 할 일 목록에 집어넣고 아예 시간 계획을 세우자. 간행물을 읽는 시간은 일종의 휴식 시간이 될 것이다.
- 잡지와 신문의 최신호는 잡지꽂이, 선반, 바구니, 정리함 등을 활용해 수납하자.
- 나중에 읽고 싶거나 보관하고 싶은 기사는 '육아', '생활', '정원 가꾸기' 등으로 분류해 아코디언 파일에 정리해두었다가 병원 대기실에서 기다릴 때 읽거나 자동차 오일을 교환할 때 가져가서 읽자. 단, 아코디언 파일에 넣기 전에 정말로 다시 볼 기사인지 신중하게 생각하자.
- 신문이나 잡지를 읽지 않은 채로 버리더라도 죄책감을 느끼지 말자. 정기간행물을 버리는 일은 집 안의 공간과 내 마음속 공간을 자유롭게 하는 일이다. 잡지가 여기저기 널려 있으면 '내가 저걸 읽지 않고 있구나'라는 생각만 자꾸 들어 좋지 않다.
- 간행물을 더 많이 읽고 싶은데 시간이 없다면 창의적인 아이디어를 내보자. 예를 들어 좋아하는 TV 프로그램을 보다가 광고가 나오는 동안 신문기사 한두 편을 읽어보면 어떨까?
- 잡지나 신문에서 나에게 꼭 필요한 기사만 골라 읽는다. 차례를 미리 확

인하면 처음부터 끝까지 넘겨보지 않아도 되므로 시간이 절약된다.
- 혹시 나중에 기사를 오려낼 생각으로 신문이나 잡지를 잔뜩 쌓아두고 있는가? 그런 수고를 할 것 없이 즉석에서 찢어내자. 가장자리는 나중에 시간이 날 때 다듬으면 된다.

- 병원 대기실, 미장원, 양로원, 헬스클럽 등 기다리는 사람이 많은 곳에 과월호 잡지를 기부해도 좋다. 단, 기부하기 전에 주소 스티커를 잘라내는 일을 잊지 말자.
- 불필요한 잡지와 신문 구독을 중단해서 쓰레기를 줄이자. 좋아하는 정기간행물을 온라인으로 구독하거나 가까운 도서관에 가서 읽는 것은 어떨까?

note

 광고는 필요하지도 않은 물건을 사기 위해 수중에 없는 돈을 쓰게 만드는 기술이다. - 윌 로저스(배우)

정리 유지하기

1개월

♥ 다 읽은 간행물 중에 굳이 보관할 필요가 없는 것을 모두 처분한다.

♥ 나중에 참조할 기사와 광고를 오려낸다.

3~6개월

♥ 다 읽은 잡지를 자선단체나 선호하는 업체에 기부한다.

♥ 철이 지난 카탈로그를 버린다.

♥ 욕실에 잡지가 있다면 새것으로 바꾸고 과월호는 버린다.

1년

♥ 꾸준히 읽지 않는 정기간행물은 구독을 중단한다.

'지금도' 의미있는 것만 남긴다

기념품

과거의 물건을 너무 많이 간직하고 있으면 새로운 것들이 우리의 삶에 들어오는 데 방해가 됩니다. 융C. G. Jung 이론을 연구한 심리학자 낸시 도허티Nancy Dougherty는 "추억은 간직하고 물건은 버리는 것이 곧 성장의 과정"이라고 했습니다. 기념품이란 사람이나 사건, 인생의 어떤 시기에 대한 추억을 떠올리기 위해 간직하고 있는 물건이에요. 구체적으로 말하자면 사진, 상장, 족보, 편지와 우편엽서, 축하 카드, 졸업앨범, 옷 같은 것들이지요.

제가 좋아하는 말이 있어요. 미미 도우Mimi Doe의 《바빠도 평화롭게 삽시다》라는 책에 나오는 말이랍니다. "우리에게는 영혼을 떠받쳐주는 기억을 저장할 공간이 필요하다. 사연이 있는 물건, 어릴 때 만든 작품, 자연에서 찾아낸 보물, 오랫동안 수집한 물건들, 추억을 불러일으키는 사진 등 우리에게 의미 있는 물건을 소중히 간직할 때 비로소 가족을 하나로 엮어주고 어려운 시기에도 우리를 보호해주는 가정이 형성된다."

기념품 정리의 요령 하나. '지금도' 나에게 의미가 있는 것만 남긴다!('지금도'가 핵심이에요.) 중학교 2학년 때 나에게 의미가 있었던 물건이라고 해서 다 간직할 필요는 없지요. 과연 간직할 가치가 있는 물건인지 자신에게 물어보고, 특별히 애착이 가는 것과 인생의 중요한 순간이 담긴 것만 간직합시다. 솔직히 말해서 우리의 삶을 스쳐간 온갖 기념품을 모두 가지고 있을 수는 없잖아요. 대신 추억을 간직하면 되지요. 기념품을 너무 많이 가지고 있으면 정말로 특별한 물건마저 잡동사니 사이에 섞여 잊어버릴 확률이 높습니다.

무엇을 간직할지 결정했다고요? 그렇다면 이제 특별한 물건들을 수납하고 보존하는 제일 좋은 방법을 찾아보세요.

이번주 할 일

- [ ] 나의 기념품을 훑어보면서 세 가지로 분류한다.
    A. 버릴 것 : 오래된 수첩과 사진, 옛날 이성친구의 편지, 엽서와 축하카드 등(저는 특별히 보낸 사람의 필체가 있는 것만 간직한답니다)
    B. 계속 간직할 것 : 세상을 떠난 사람의 필체가 담긴 편지, 일기 등
    C. 다른 사람에게 줄 것 : 다른 사람이 나보다 더 좋아할지도 모르는 사진이나 유품 등
- [ ] '다른 사람에게 줄 것'으로 분류된 물건을 처리한다. 물건을 주려는 사람에게 의향을 물어보고서 우편으로 보내거나 직접 선물한다. 반대로 다른 사람에게서 기념품을 받았다면 계속 가지고 있을지 혹은 버릴지를 결정해야 한다.
- [ ] 편지와 편지봉투를 꼬박꼬박 모은다면 편지를 접어두지 말고 펼쳐서 뒷면에 편지봉투를 스테이플러로 고정시킨다. 이렇게 하면 지금까지 모은 편지를 한눈에 알아볼 수 있다.
- [ ] 기념품을 어디에, 어떤 방법으로 보관할지 정하고 필요한 수납용품을 구입한다.
- [ ] 사진을 앨범이나 사진 정리함에 넣는다. 최근 사진부터 정리해서 점차

오래된 사진으로 나아간다.
- ☐ 배우자의 기념품을 한데 모아놓고 같은 방법으로 정리하게 한다.

무엇부터 할까?

- 기념품은 문서 보관용 상자에 보관하자. 일반적인 마분지 상자에 넣으면 상자에서 방출되는 기체 때문에 종이가 상한다.
- 웨딩드레스, 세례식 드레스, 머리글자가 박힌 재킷 등의 의류를 기념품으로 간직할 경우 드라이클리닝 전문가에게 맡겨 보존하자. 옷의 변색이나 좀이 생기는 것을 방지하려면 이 방법이 가장 안전하다.
- 사진을 간직할 때는 라벨을 붙이고 사진 속의 사람들 이름을 써넣자. 그렇게 하지 않으면 나중에 가족들이 그 사진을 봐도 누가 누군지 모를 테니까. 사진을 촬영한 날짜 혹은 연도, 장소, 상황도 기억나는 데까지 기록하자.
- 아이 한 명당 하나씩 육아일기를 마련해 건강, 성격, 성장 과정 등 중요한 사항을 기록하자.
- 가족사진과 조상에게서 물려받은 중요한 가보는 집 안의 잘 보이는 곳에 전시하자.
- 나의 인생을 몇 단계로 나누고 기념품도 단계별로 정리하자.

    아동기 : 11세 이하
    청소년기 : 12~18세
    청년기 : 19~25세
    장년기 : 26~45세
    중년기 : 46~65세
    노년기 : 66세 이상

물건들 속에서 기쁨을 찾을 수는 없다. 기쁨은 우리 안에 있다. – 리하르트 바그너(음악가)

정리 유지하기

1개월

♥ 축하카드 중에 직접 손으로 쓴 것이 아닌 것은 모두 버린다.

3~6개월

♥ 아이의 '메모리북'에 사진, 특별한 과제물, 아이가 받은 상장, 아이가 그린 그림을 추가한다. 보관할 수 있는 양을 현실적으로 판단해서 가장 훌륭하고 특별한 것만을 골라야 한다.

1년

♥ 지난 1년 동안 새로 생긴 기념품들을 살펴본다. 처음에는 실용적인 이유에서 구입한 물건이라도 기분이 좋거나 추억이 담겨 있어서 1년 내내 보관하고 있었다면 기념품이 될 수 있다. 적당한 장소에 수납하고 주의 깊게 보존하자.

PART 06
수납공간 정리하기

- **38 이불장** ◆ 모든 물건이 한 눈에 보이는가
- **39 주방수납장** ◆ 1년 내내 쓰지 않는 물건은 치운다
- **40 냉장고** ◆ 오래된 것은 앞쪽, 새로 산 것은 뒤쪽에 둔다
- **41 지하실** ◆ 습기가 침투하지 않는 수납함이 있는가?
- **42 다락방** ◆ 화재위험이 있는 물건은 치운다
- **43 창고** ◆ 자주 쓰는 물건은 개방된 선반 위에 둔다
- **44 정원** ◆ 관리할 수 있을 만큼 가꾼다

모든 물건이 한 눈에 보이는가

이불장

이번 주는 비교적 간단하고 손쉬운 작업이에요. 이불장이 특별히 크지 않다면 말이지요. 보통 이불장에는 침구, 수건과 비치타올, 식탁보, 여분의 청소용품 등을 수납합니다. 이불장 정리의 핵심 원칙은 문을 열었을 때 모든 물건이 한눈에 보여야 한다는 거예요. 모든 물건이 한눈에 들어오지 않는다면 물건이 너무 많은 것이므로 역시 버리는 일부터 해야 하겠죠?

이번주 할 일

- ☐ 이불장 안에 들어 있는 욕실용 수건, 손수건, 샤워타올 등을 모두 꺼낸다. 찢어지거나 해진 것은 버리고 나머지는 곱게 개서 가족들이 꺼내 쓰기 편하게 선반에 크기별로 수납한다.
- ☐ 침대 시트와 담요와 이불을 '계속 간직할 것', '판매 또는 기부할 것', '버릴 것'으로 분류한다. 침대 1개당 침구 세트는 2벌이면 충분한데, 1벌은 항상 침대에 있으므로 나머지 1벌만 이불장에 보관하면 된다. 겨울 침구를 따로 쓰면 침대 하나당 침구가 3벌일 수도 있다.
- ☐ 쓰지 않는 침구 중 상태가 괜찮은 것을 중고로 판매하거나 기부한다. 다른 사람이 쓸 수 있는 물건을 굳이 우리 집 이불장에 넣어두고 자리만

차지하게 할 이유가 없지 않은가? 얼룩이 심하게 졌거나 찢어졌거나 해졌거나 짝이 맞지 않는 침구는 버린다. 나머지 침구는 짝을 맞춰 반듯하게 개서 위에서 두 번째 선반에 수납한다.

- [ ] 침구 외의 물품도 모두 계속 '간직할 것', '쓰지 않는 것', '버릴 것'이라는 기준에 따라 분류한다.
- [ ] '버릴 것'으로 분류된 물건은 버리고, '쓰지 않는 것'으로 분류된 물건을 하나씩 살펴본다. 예컨대 쓰지 않는 화장품이 잔뜩 있다면 개봉하지 않은 제품은 가까운 노숙자 쉼터에 기부한다. 원칙적으로 한 번이라도 쓴 제품은 그냥 버려야 하지만 족욕기, 고데기 따위의 큼직한 물건은 판매 또는 기부할 수 있다.
- [ ] '계속 간직할 것'으로 분류된 물건은 비슷한 것끼리 한데 묶는다는 원칙에 따라 다시 분류한다. 종류별로 각기 다른 선반에 수납하거나, 선반 하나를 여러 구역으로 나눠 수납한다. 자주 쓰는 물건은 손이 닿기 쉬운 선반에 올려놓고 여분의 물품은 높은 선반에 둔다. 예를 들어 다음과 같이 분류할 수 있다.
    - 여분의 베개 : 손님이 올 때를 대비해서 한두 개만 여분으로 보관한다.
    - 미용과 관련된 물품
    - 치약, 비누 등 여분의 욕실용품 : 너무 많이 쌓아놓지 말자.
    - 여분의 전구
- [ ] 이불장 문 안쪽에 고리를 달아 가방이나 목욕가운을 걸어놓는다.

무엇부터 할까?

- 세탁물의 양을 줄이기 위해 가족들에게 각자 1주일간 사용할 수건의 갯수를 정하도록 하자. 각자 색깔이 다른 수건을 쓰게 하면 아무도 다른

사람이 썼던 수건은 쓰기 싫다고 불평하지 않을 것이다. 색깔 구분을 위해 수건을 새로 사야 할 수도 있다. 자기 수건 색깔을 직접 고르라고 하면 아이들은 더욱 기뻐할 것이다.

- 침구를 갤 때는 시트와 베개커버를 한꺼번에 포개고 시트로 한 번 더 감싼다. 이렇게 하면 침구 세트를 한 번에 꺼내 쓸 수 있어서 좋다.
- '버릴 것'으로 분류된 시트나 담요를 한 장 남겨놓았다가 나들이 갈 때 깔개로 쓰자. 하지만 정말로 쓸 것이 아니면 버리자!
- 낡은 시트와 수건을 잘라서 걸레로 쓰자. 물론 실제로 걸레가 몇 개나 필요한지 현실적으로 판단해야 한다.
- 침실 분위기를 바꾸기 위해 침구를 새로 살 경우 원래 쓰던 침구를 어떻게 할 것인지를 즉시 결정해서 기부하거나 중고로 판매하거나 버리자. 무조건 이불장에 쑤셔 넣으면 너저분해져서 좋지 않다.
- 오리털 이불 등 자주 쓰지 않는 침구는 이불장 맨 위 선반에 수납한다.

note

 세상이 바뀌기를 바란다면 우리가 직접 나서서 변화를 일으켜야 합니다. - 마하트마 간디(정치인)

정리 유지하기

1개월

♥ 수건과 담요와 이불을 반듯하게 개서 적절한 장소에 수납한다. 급하게 정리할 때는 침구를 이불장 안에 아무렇게나 밀어 넣게 되지만, 조금만 더 시간을 들여서 제대로 정돈하면 나중에 물건을 찾기가 쉬워지므로 장기적으로는 시간이 절약되는 셈이다.

3~6개월

♥ 이불장 안에 쌓아둔 욕실 소모품을 살펴보고 지난 몇 달간 한 번도 쓴 일이 없었던 물건은 버린다. 여분으로 갖춰두어야 할 만큼 많이 쓰지 않는 물건이기 때문에 이런 물건들은 다시 사서 채워둘 필요가 없다. 불필요한 물건을 사서 쌓아놓지만 않아도 이불장 안의 공간이 많이 절약될 것이다.

1년

♥ 욕실 수건, 손수건, 목욕가운의 상태를 점검하고 닳아서 너덜너덜해진 물건을 모두 버린다. 수건 정리는 정기세일 기간을 택해서 하자. 필요한 물건을 추가로 구입해야 할 때 정기세일을 이용하면 알뜰하게 장만할 수 있어 좋다.

1년 내내 쓰지 않는 물건은 치운다

주방수납장

손님들이 주방 수납장을 들여다보면 민망한가요? 그릇장에서 필요한 물건을 꺼낼 때 얼른 찾지 못하고 헤매나요? 주방 싱크대에 물건이 너무 많으면 여간 골치가 아픈 게 아니지요.

다른 분들은 어떤지 모르겠지만 저는 항상 수납공간이 모자라서 걱정이었답니다. 사용해야 할 그릇과 주방용품은 늘 너무 많잖아요. 하지만 이것 역시 얼마든지 해결할 수 있는 문제일 거예요. 공간이 부족하다는 생각이 들 때는 창조적인 수납 아이디어가 필요합니다. 우리 집 주방 한쪽 구석에는 붙박이 선반과 서랍이 달렸거든요. 저는 이곳에 유리그릇과 접시를 수납하고 남은 공간에 식료품을 저장한답니다.

주방 수납장 정리 비결 하나 더! 1년 내내 쓰지 않은 물건은 치워야 합니다. 예를 들어 설이나 추석 때만 쓰는 떡시루는 명절 용품과 함께 다른 곳에 수납해도 무방해요. 정기적으로 사용하는 물건이 무엇인지 냉정하게 판단해서 나머지는 옮기거나 버리세요.

이번주 할 일

☐ 주방 수납장과 서랍에 든 물건을 모두 꺼낸다. 필요하지 않거나 쓰지 않

는 물건을 골라내서 버리거나 기부한다.
- 이가 빠졌거나 짝이 맞지 않는 접시 : 그릇이 적을수록 설거지거리도 적어진다
- 여분의 은그릇 : 은그릇은 한 벌이면 충분하다.
- 지난 1년간 쓰지 않은 조리도구 : 찜기, 팝콘 제조기, 아이스크림 메이커, 제빵기 등
- 현재 쓰지 않는 병과 용기 : 이런 물건도 몇 개만 있으면 충분하다.
- 여분의 머그잔과 컵 : 아주 좋아하는 것만 남기고 처분한다.

☐ 냄비와 프라이팬, 도마, 주방용 장갑, 허브와 향신료는 가스레인지 밑에 수납한다.

☐ 접시와 그릇, 유리잔과 상차림 도구는 식기세척기 밑이나 싱크대 밑에 수납한다.

☐ 랩과 호일, 기름종이, 비닐봉지, 밀폐용기 등은 냉장고 근처에 수납한다.

☐ 플라스틱 밀폐용기는 뚜껑을 덮어서 수납하거나 뚜껑만 따로 모아 몸체

를 보관한 곳과 가까운 서랍에 넣는다.
- ☐ 싱크대 밑을 깨끗이 치운다. 청소하는 동안 모든 청소도구를 손잡이 달린 플라스틱 양동이에 넣어서 다니면 옮겨 다니기가 편하다.
- ☐ 모아둔 비닐봉지는 10개만 남기고 버린다. 10개만 가지고 있어도 모자랄 일은 없을 것이다. 혹시 더 필요하다 해도 어디서나 쉽게 구할 수 있지 않은가?
- ☐ 3년 이상 지난 향신료는 버린다. 냄새를 맡아보고 향기가 나지 않으면 사용할 수 없다. 아직 쓸 수 있는 향신료는 찬장 안의 회전 가능한 수납 선반이나 칸칸이 나뉜 용기에 넣는다. 이유식도 같은 방법으로 수납하면 편리하다.
- ☐ 자질구레한 물건으로 가득 찬 주방 서랍을 정리하자. 서랍은 금세 다시 가득 찰 테니 최소한의 물건만 남기고 쓰지 않을 잡동사니는 버리자.

무엇부터 할까?

- 주방에 선반이 따로 없으면 되도록 물건을 벽에 걸어두자.
- 찬장 아래쪽에 냄비와 프라이팬, 머그잔을 걸어놓고 와인잔도 랙에 수납하자.
- 플라스틱 용기 뚜껑 등 자잘한 물건을 수납할 때는 지퍼백이 유용하다.
- 찬장 안에 굴러다니는 물건들은 투명한 용기에 수납하자. 비슷한 물건끼리 모아서 수납하는 것이 요령.

note

우리의 주거공간은 우리가 결정한다. 하지만 나중에 가서는 우리의 주거공간이 우리를 결정한다.
– 윈스턴 처칠(정치가)

정리 유지하기

1개월

♥ 주방 수납장을 신속하게 정리하고 필요하지 않거나 앞으로 사용하지 않을 것 같은 물건을 모두 처분한다. 식료품을 내다버릴 때 수납장 정리도 함께 하면 좋다.

3~6개월

♥ 플라스틱 밀폐용기를 하나씩 살펴보면서 망가졌거나 휘어졌거나 뚜껑이 없어진 것은 버린다. 특히 오래된 버터 통 따위를 식품 보관에 재활용하는 경우 위생에 신경을 써야 한다. 플라스틱 용기는 금방 쌓이는 물건인 만큼 10개만 남기고 버리자. 플라스틱 용기가 나중에 필요하다면 얼마든지 구할 수 있다.

1년

♥ 향신료를 하나씩 살펴보면서 오래된 것은 버린다. 앞에서 언급한 대로 향기가 나지 않으면 유효기간이 지난 것으로 간주한다.

오래된 것은 앞쪽,
새로 산 것은 뒤쪽에 둔다

냉장고

냉장고 청소와 정리는 언제 하는 것이 좋을까요? 저는 새로 사온 식료품을 냉장고에 넣을 때가 최고라고 생각해요. 아, 물론 장을 보러 가기 전에 냉장고를 정리하면서 무엇이 필요한지 확인하는 방법을 선호하는 분도 있겠지요. 어느 쪽이건 간에 냉장고를 말끔하게 정리해야 주부와 가족들이 음식을 찾기가 편하고 식료품의 보관 수명도 늘어난답니다.

이번주 할 일

- ☐ 다음과 같은 물건은 버린다.
    - 빈 음식재료 용기
    - 유통기한이 지난 음식재료
    - 머스터드 : 2년 이상 된 것
    - 케첩 : 6개월 이상 된 것
    - 식초 : 3년 반 이상 된 것
    - 간장 : 6개월 이상 된 것
    - 올리브 : 6개월 이상 된 것
    - 스테이크 소스 : 3년 이상 된 것

- 메이플 시럽 : 1년 이상 된 것

☐ 냉장고 선반을 하나씩 꺼내 꼼꼼하게 청소한다. 유쾌한 일은 아니지만 꼭 필요한 일이다.

☐ 음식재료를 체계적으로 보관하는 시스템을 만든다.
- 맨 위 칸 : 음료수
- 위에서 두 번째 칸 : 조리 전 상태의 음식재료
- 맨 아래 칸 : 먹다 남은 음식
- 첫 번째 서랍 : 채소와 과일
- 두 번째 서랍 : 생수와 캔 음료
- 문 선반 : 양념류

이런 식으로 질서 있게 보관하면 음식재료를 찾기 쉽고 냉장고에 무엇이 있는지 파악하는 데도 도움이 된다.

☐ 식품을 유통기한 내에 소비하기 위해서는 오래된 것을 앞쪽으로 옮기고 새로 산 것은 뒤쪽에 둔다. 장을 볼 때마다 이런 식으로 정리한다.

☐ 냉동실의 내용물을 모두 꺼내고 걸레로 닦아낸다. 전원을 차단하고 나서 청소해도 된다. 특히 여름에는 냉동실 전원을 차단한 후 청소하는 것이 좋다.

☐ 냉동실에 10개월 이상 들어 있었던 식품을 모두 버린다. 먹지 않을 확률이 90% 이상인 식품도 모두 버린다. 솔직하게 판단하자!

☐ 냉장고 문에 붙어 있는 오래된 종이와 사진은 필요한 것만 남기고 떼어낸다.

☐ 냉장고 위에 놓여 있는 물건을 모두 내려 먼지를 털어낸다. 냉장고 위에 자잘한 물건들을 수납하고 싶으면 예쁜 바구니에 담아 올려놓는다.

무엇부터 할까?

- 냉장고 문은 온도 변화가 심하므로 온도가 가장 높은 구역이다. 반면 냉장고 몸체의 맨 아래 칸은 온도 변화가 적은 편이어서 온도가 가장 낮다. 이 점에 유의해서 음식을 수납하자.
- 남은 음식 목록을 만들고 그 음식을 처음 만든 날짜를 함께 기록해서 냉장고 문에 붙여두자. 이렇게 하면 가족들이 남아 있는 음식을 파악하고 찾아서 먹기가 좋다.
- 냉장고 안에서 생수병이나 음료 캔이 굴러다니면 골치가 아프다. 서랍 한 칸을 할애해 물과 음료를 깔끔하게 정리하자.

note

 뭐든지 너무 많은 것은 너무 적은 것만큼이나 나쁜 일이 아닐까. – 에드나 퍼버(소설가)

정리 유지하기

1개월
- ♥ 냉장고 문에 붙여둔 쪽지와 사진 중 오래된 것을 떼어낸다.
- ♥ 냉장고 선반을 하나씩 들여다보면서 잊어버리고 사용하지 않은 음식재료가 없는지 점검한다. 상한 재료와 음식은 무조건 버린다.

3~6개월
- ♥ 냉장고를 싹 비우고 안쪽을 걸레로 닦아낸다.
- ♥ 냉장고 안을 살피면서 똑같은 물품이 둘 이상 있으면 하나로 합친다. 예를 들어 케첩이 2개 있다거나 반쯤 먹은 피클이 2병 있으면 합친다.

1년
- ♥ 전원을 차단하고 냉동실을 청소한다.
- ♥ 유통기한이 지난 양념류를 버린다.

습기가 침투하지 않는 수납함이 있는가?

지하실

지하실을 어떻게 정리하느냐는 여러분의 집에 있는 지하실이 어떤 공간이냐에 따라 다릅니다. 요즘에는 지하실도 형식이 다양하거든요. 흙바닥으로 된 구식 지하실이 있는가 하면 오락시설과 사무실 그리고 여분의 침실까지 갖춘 멋진 지하실도 있지요. 어떤 지하실이건 간에 정리의 목표는 수납공간을 극대화하는 동시에 물건에 습기가 차지 않도록 보호하는 것입니다.

저만의 지하실 관리 비법 하나, 지하실이 처치 곤란한 물건을 던져버리는 공간이 되지 않게 하는 것입니다. 시간과 에너지를 들여가며 지하실에 어떤 물건을 수납할 때는 그것을 정말로 다시 사용하리라는 확신이 있어야 해요.

이번주 할 일

- [ ] 지하실에 있는 모든 물건을 다음과 같이 분류한다.
    A. 버릴 것 : 망가진 물건, 곰팡이가 핀 물건, 구석에 숨어 있던 쓰레기
    B. 판매 또는 기부할 것 : 쓰지 않는 물건, 필요 없어진 물건
    C. 다른 사람에게 돌려줄 것 : 성인이 된 자녀의 물건

D. 계속 간직할 것

- [ ] '버릴 것'으로 분류된 물건을 처분한다.
- [ ] '판매 또는 기부할 것'으로 분류된 물건을 처리한다. 인터넷 경매 사이트에 올리거나 생활정보지에 광고를 실으면 된다.
- [ ] '다른 사람에게 돌려줄 것'으로 분류된 물건들의 주인에게 연락해서 물건을 가지러 올 날짜나 갖다 줄 날짜를 정한다.
- [ ] '계속 간직할 것'으로 분류된 물건들을 종류별로 나눈다. 다음과 같은 기준에 따라 비슷한 것끼리 한데 묶는다.
  - 육아용품과 아이 장난감 : 아이를 더 가질 계획이 없다면 처분하자
  - 야외용품
  - 명절 장식품
  - 의류
- [ ] '계속 간직할 것'으로 분류된 물건들을 꼼꼼히 살펴본다. 나는 지하실에 어떤 물건들을 보관하고 있는가? 이 물건을 지하실에 두는 것이 최선인가? 의류와 장난감은 곰팡이가 필 가능성이 있으며 게다가 습하고 퀴퀴한 지하실 냄새를 제거하기란 거의 불가능하다. 사진, 서류, 목재 따위는 습기가 차서 상할 우려가 있다. 설사 우리 집 지하실에 물이 고인 적이 한 번도 없었더라도 마찬가지다. 이런 물건들은 벽장이나 다락방 등 다른 장소에 수납할 수 없는지 알아본다. 가구를 지하실에 보관하려면 습도와 온도 조절장치가 있는 보관함을 임대해야 할지도 모른다. 보관할 가치가 있는 물건에 적절한 보호 조치를 해주지 않으면 물건이 손상되고 나중에 가서는 '버릴 것'으로 분류될지도 모른다.
- [ ] 지하실의 수납 시설을 점검한다. 선반은 충분히 있는가? 습기가 침투하지 않는 수납함이 있는가? 종류별로 물품 수납함이 따로 있는가? 필요

한 수납용품이 있으면 아낌없이 구입한다.
- ☐ 모든 수납함은 옆면에 라벨을 붙이고 꺼내기 쉽도록 배열한다. 거의 쓰지 않는 물건은 높은 선반이나 맨 아랫단의 수납함에, 자주 쓰는 물건은 손이 잘 닿는 위치에 보관한다.

무엇부터 할까?

- 물건들을 가족 구성원별로 따로 수납하고 각자 자기 물건을 책임지게 하자. 이렇게 하면 아이들이 성인이 되어 독립할 때 편하다.
- 지하실에는 습기에 취약하지 않은 물건만 보관하자. 직물, 종이, 목재는 지하실의 높은 습도와 곰팡이에 피해를 당할 가능성이 크다.
- 불가피한 사정이 있어서 의류를 지하실에 보관해야 할 경우에는 진공포장이 되는 압축백에 넣어 곰팡이를 방지하자. 모든 의류를 깨끗이 세탁하고 드라이어 시트로 감싸서 넣으면 더욱 안전하다.
- 지하실을 자주 사용하거나 물건을 많이 보관하고 있다면 비용이 많이 들더라도 제습 시설을 잘 갖추어야 한다.

note

너희는 자신을 위해 재물을 땅에다가 쌓아 두지 마라. 땅에서는 좀이 먹고 녹이 슬어서 망가지며, 도둑들이 뚫고 들어와서 훔쳐간다. 그러므로 너희 재물을 하늘에 쌓아 두어라. 거기에는 좀이 먹거나 녹이 슬어서 망가지는 일이 없고, 도둑들이 뚫고 들어와서 훔쳐가지도 못한다. 너희의 재물이 있는 곳에 너희의 마음도 있다. – 마태복음 6장 19 21절

정리 유지하기

1개월

♥ 지하실의 모든 벽면을 살펴보며 곰팡이가 슬지 않았는지 점검한다. 수납함의 겉면에도 모두 소독제를 뿌려 곰팡이를 방지한다.

3~6개월

♥ 모든 수납함을 열어보면서 안에 있는 물건들에 곰팡이가 피지 않았는지 확인한다.

1년

♥ 지하실에 둔 모든 물건들을 살펴본다. 지난 1년간 사용하지 않은 물건은 모두 버리거나 판매하거나 기부하는 것이 어떨까?

화재위험이 있는 물건은 치운다

다락방

다락방은 집에서 가장 정리하기 어려운 곳이라 해도 과언이 아닙니다. 사다리를 사용해가며 정리해야 할 때도 있지요. 정리를 시작하기 전에 다락방의 용도를 먼저 정하세요. 불필요한 잡동사니를 보관하는 장소인가요? 아니면 가족의 기념품을 보관하는 장소인가요? 대개 다락방은 건조한 편이어서 자주 꺼낼 일이 없는 물건을 오랫동안 안전하게 보관하기에 적합합니다. 하지만 온도 변화가 심하기 때문에(겨울에는 매우 춥고 여름에는 매우 덥거든요) 다락방에 물건을 수납할 때는 이 점을 충분히 고려해야 합니다.

이번주 할 일

- ☐ 다락방에 있는 물건들을 다음과 같이 네 가지로 분류한다.
    A. 버릴 것 : 화재위험이 있는 물건도 버릴 것에 추가한다
    B. 판매 또는 기부할 것
    C. 다른 사람에게 줄 것
    D. 계속 간직할 것
- ☐ '버릴 것'으로 분류된 물건들을 버리고 '판매 또는 기부할 것'과 '다른

사람에게 줄 것'으로 분류된 물건들을 꺼낸다.

- [ ] 여름의 고온을 견디지 못할 만한 물건, 예를 들면 양초 같은 것은 모두 다른 방으로 옮긴다.
- [ ] '계속 간직할 것'으로 분류된 물건을 다시 종류별로 나눈다.
  - 장난감과 육아용품
  - 야외활동용품
  - 행사 장식품
  - 의류
  - 집안 대대로 내려오는 물건

정말로 보관해야 할 물건이 무엇인가를 솔직하게 판단해야 한다. 특정 시기에만 사용하는 물건이 아닌데도 다락방 구석에 있다면 사실상 사용하지 않는 셈인데 이것이 과연 필요한 물건인가? 지금이라도 사용하고 싶으면 다락방에서 꺼내 당장 사용하자. 다락방에 넣어둔 조상의 유품이나 기념품을 유용하게 쓰거나 소중히 여길 사람이 가족 중에 있는가? 그렇다면 그 물건을 그 사람에게 주는 것은 어떨까?

- [ ] '계속 간직할 것'으로 분류된 물건들을 행사나 특정 계절에 쓰는 물건은 사용하는 시기에 따라, 장식품과 의류는 누구의 물건이냐에 따라 세분화한다. 이렇게 하면 나중에 필요할 때 물건을 찾기가 쉬워진다.
- [ ] 물건을 종류별로 플라스틱 수납함에 담고 측면에 라벨을 붙인다. 사진과 중요한 서류는 내화성 용기에 수납한다.
- [ ] 수납함을 종류별로 배열하되 자주 쓰는 물건이 담긴 수납함은 손이 닿기 쉬운 곳에 둔다. 수납함을 층층이 쌓아 공간 활용을 극대화한다. 수납함이 너무 많아서 다락방 안에서 걸어 다니기가 어려울 정도라면 물건을 더 버리자!

- ☐ '판매 또는 기부할 것' 가운데 상태가 괜찮은 물건은 판매 또는 기부를 위한 조치를 취한다.
- ☐ '다른 사람의 것'으로 분류된 물건, 예를 들어 독립해서 따로 사는 자녀의 물건은 주인에게 연락해서 가지러 오라고 하고 날짜를 정한다.

무엇부터 할까?

- 가족들의 물건을 다락방에 보관하고 자기 물건은 자기가 책임지게 하자. 이렇게 하면 성인이 된 자녀가 독립할 때 편리하다.
- 다락방 바닥의 상태가 좋지 않으면 합판이나 천을 깔자.
- 자잘한 물건들이 흩어져 있으면 공간이 낭비되고 물건이 쉽게 상하니 내용물을 쉽게 찾을 수 있는 투명한 용기에 수납하자.
- 수납함과 상자를 선반에 올려놓으면 접근성이 좋다.
- 지붕 서까래 사이에 기둥을 세워 지붕의 경사를 유용하게 활용하자.
- 의류는 지퍼가 달린 옷커버에 넣어 보관한다.

note

 스스로 만족할 줄 아는 사람의 공경하고 삼가는 마음은 큰 이득을 줍니다. 우리는 아무것도 세상에 가지고 오지 않았으니, 어떠한 것도 가지고 떠날 수 없습니다. – 디모데전서 6장 6~7절

정리 유지하기

1개월

♥ 다락방을 들여다보면서 열기나 동물 때문에 못쓰게 된 물건이 없는지 확인한다. 그리고 다락방에 올라간 김에 버릴 물건을 두 가지 골라내자.

3~6개월

♥ 명절용 장식품을 사용할 때는 항상 그해에 쓰지 않은 물건을 골라내 처분하자.

1년

♥ 천장에 사다리가 설치된 경우 헐거워진 부품을 다시 조인다.
♥ 지난 1년간 다락방에 처박혀 있었던 옷을 모두 기부하거나 중고로 팔아버린다. 올해 입지 않았는데 내년에 입겠는가?

자주 쓰는 물건은 개방된 선반 위에 둔다

창고

이제 창고를 정리할 차례군요. 저의 경우 창고는 남편에게 맡겨 버리는 영역이에요. 남편이 진심으로 정리하고 싶어 하는 유일한 공간이기도 하고요. 지금 여러분의 창고에 필요한 물건이 들어갈 자리가 없다면 쓸모없는 물건을 정리하세요. 버리거나 중고로 팔거나 꼭 가지고 있어야 하는 물건은 따로 자리를 만들어 보관하면 어떨까요?

창고는 명확한 용도가 있는 공간입니다. 원예용 물품, 야외용 장난감, 운동기구, 애완동물 용품 등을 수납하는 곳이지요. 조금만 정리하고 물건을 과감하게 버리면 얼마든지 가능한 일입니다.

이번주 할 일

☐ 창고 안에 있는 물건을 모두 꺼내면서 다음과 같이 분류한다.
- 버릴 것 : 망가진 물건, 녹슨 물건 등
- 창고에 둘 것
- 다른 곳에 둘 것
- 판매 또는 기부할 것
- 다른 사람에게 빌린 것

- ☐ '버릴 것'으로 분류된 물건은 모두 쓰레기통에 넣는다. '다른 곳에 둘 것'으로 분류된 물건과 '빌린 것'은 창고에서 꺼내 임시 보관이 가능한 장소로 옮긴다. 이런 물건들은 나중에 처리해도 되니까 일단은 창고 정리에 집중하자.
- ☐ 물건을 모두 꺼내면 수납에 활용 가능한 공간이 얼마나 되는지 가늠해 본다.
- ☐ '창고에 둘 것'으로 분류된 물건을 다시 전동공구, 장난감, 운동기구 등으로 구분한다. 자리가 모자라면 물건을 줄이자.
- ☐ 종류별로 물건을 수납할 구역을 정해서 라벨을 붙인다. 이때 벽면을 최대한 활용한다. 공구, 갈퀴, 낚시도구, 삽 등을 걸어놓을 높이를 가늠해보고 고리와 선반받이를 필요한 양만큼 구입한다. 수직 수납에도 선반을 활용하고 자잘한 물건은 공구함에 넣어 보관한다.
- ☐ 물건이 다 제자리에 들어갔는가? 다 들어갔으면 OK! 아니라면 창의적으로 고민해야 한다. 판매하거나 기부할 수 있는 물건이 더 없는가? 지하실이나 다락방 등 다른 곳에 수납해도 되는 물건은 없는가? 물건을 옮기기 전에 어디에 놓을지를 구체적으로 정하고 그곳에 여유 공간이 있는지 확인해야 한다. 무턱대고 옮기면 너저분한 물건을 치우는 것이 아니라 단순히 쓰레기를 다른 장소로 옮겨놓는 것밖에 되지 않는다.
- ☐ 이제 '다른 곳에 둘 것'으로 분류된 물건을 처리할 차례다. 여기서는 솔직해져야 한다. 이 물건을 사용하긴 하는가? 그렇다면 왜 그 방에 있지 않고 창고에 있는가? 판매 또는 기부할 물건이 없는지 다시 생각해보자. 사용하지 않는다면 처분하는 것이 옳다.
- ☐ 남은 물건들을 하나씩 살펴보면서 '제자리'를 정해준다. 그냥 어느 방에 놓을지 정하는 데서 끝내지 말고 방 안 어디에 놓을지를 구체적으로

정해야 진짜 '제자리'가 생긴다. 다 정했으면 물건들을 실제로 제자리에 수납한다.
- ☐ 빌린 물건은 주인에게 연락해서 돌려줄 날짜를 정한다.
- ☐ 기부할 물건은 자선단체에 보낼 준비를 한다. 부피가 크고 비바람을 견딜 수 있는 물건은 '공짜로 드립니다'라고 써 붙여 대문 밖에 내놓아 원하는 사람이 가져가게 해도 좋다. 1주일이 지나도 가져가는 사람이 없으면 다른 방법을 찾아야 한다.
- ☐ 판매할 것으로 분류된 물건을 처리한다.

무엇부터 할까?

- 자주 쓰는 물건은 개방된 선반에 올려놓고 가끔 쓰는 물건은 수납장에 넣어 보이지 않게 수납하자.
- 휘발류, 페인트, 신나, 테레빈유 등 휘발성 액체와 청소용 세제는 금속으로 된 용기에 넣고 뚜껑을 꼭 닫아두자.
- 화학물질 등 위험한 물건은 아이들 손이 닿지 않고 애완동물이 접근하지 못하는 높은 선반에 올려놓자.
- 장난감은 낮은 곳에 수납해 아이들이 직접 꺼낼 수 있게 하자.
- 창고 안을 좀 더 환하게 만들고 싶으면 천장에 밝은 색의 고광택 페인트를 칠하자.
- 연장은 창고 안의 행어 보드에 걸어놓자. 보드에 마카펜으로 연장의 윤곽을 그려놓으면 어디에 어떤 연장을 걸어야 하는지 알아보기 쉽다.

시작은 언제나 오늘부터. - 메리 울스턴크래프트 (여권신장론자)

정리 유지하기

1개월

♥ 창고 바닥을 빗자루로 쓸어내고 얼룩을 제거한다.

3~6개월

♥ 창고 안에 있는 원예용품, 정원 장식품, 장난감 등의 물건을 철마다 한 번씩 점검한다. 망가진 물건과 낡은 물건을 버리고 더는 사용하지 않는 물건은 기부 또는 판매한다.

1년

♥ 창고의 선반 나사 상태를 점검하고 안전하게 설치되어 있는지 확인한다.

관리할 수 있을 만큼 가꾼다

정원

정원은 손님이 집에 들어오면서 처음 보는 곳입니다. 그리고 가족의 사적인 공간인 동시에 차를 몰고 지나가는 사람이나 길을 가던 사람들이 얼마든지 들여다볼 수 있는 공간이지요. 저는 화단과 정원 가꾸기에 굉장히 열심이신 부모님 밑에서 자랐고, 항상 원예를 좋아하는 사람들에게 둘러싸여 살았답니다. 그래서 결혼하고 처음으로 집을 구입할 때도 정원이 아주 중요한 고려 대상이었어요.

그동안 화초를 수없이 심어보고 정원 가꾸기에 상당한 비용을 들이는 가운데 배운 것도 적지 않답니다. '돌볼 시간이 없다면 화초를 심지 말아야 한다', '다년생 식물은 친구와 같다' 등등!

말끔한 정원을 가꾸려는 독자들에게 가장 하고 싶은 말은, 앞으로 정원에서 얼마나 많은 시간을 보내게 될지를 미리 생각하라는 거예요. 화초는 관리할 수 있는 만큼만 심어서 가꾸세요!

이번주 할 일

☐ 우리 집 정원 또는 마당을 둘러보면서 잡동사니를 한데 모은다. 다음과 같은 물건은 버린다.

- 녹이 슬었거나 오래된 연장
- 망가진 담장
- 쌓여 있는 나뭇가지
- 못 쓰는 그네
- 쓰고 남은 자갈, 모래, 나무판자 더미
- 비바람에 상한 장식품

☐ 창문의 방충망에 물을 뿌려 씻고 유리를 깨끗이 닦는다.
☐ 배수구와 낙수 홈통을 청소한다.
☐ 정원의 잡초를 뽑고 거름을 뿌려준다.
☐ 나뭇잎을 갈퀴로 긁어내고 웃자란 가지를 꺾어준다.
☐ 정원의 땅을 갈아준다.
☐ 현관문 앞의 매트를 새것으로 바꾼다.
☐ 현관문 주위를 빗자루로 쓸고 다음과 같은 물건은 버린다.
  - 현관에 놓여 있는 쓰다 남은 물품
  - 곰팡이가 핀 화분
  - 망가진 야외용 식탁과 의자
☐ 정원에서 이런저런 일을 언제 처리할지 구체적인 계획을 세운다. 화단을 새로 만든다거나, 지붕을 수리한다거나, 나무를 심는다거나 하는 일 등의 날짜가 잡히면 플래너에 기록하고 가족 달력에도 써넣는다. 미리 계획하지 않으면 정원 가꾸기는 절대로 못 한다.

무엇부터 할까?

- 정원에 화초를 심기 전에 색깔 있는 필기구로 스케치를 해보자. 미리 조감도를 그려보면 우리 집 화단에 가장 잘 어울리는 꽃을 고르는 데 도움

이 된다.
- 화초에 물을 줄 때는 아주 천천히 주어야 시간이 절약된다. 천천히 물을 줄수록 물이 뿌리까지 깊이 스며들기 때문이다. 잠깐씩 자주 물을 뿌려주는 일은 시간 낭비일 따름이다.
- 물이 흙을 적시기도 전에 햇볕에 말라버리지 않도록, 해가 저문 후 저녁이나 이른 새벽에 물을 주자.
- 계절이 끝날 무렵이면 하루를 정원 가꾸는 날로 계획해서 철마다 해야 하는 일을 한꺼번에 처리하자. 예를 들어 땅을 갈아주는 일, 야외용 가구를 창고에 집어넣는 일, 태풍에 대비해 바람막이 창문을 설치하는 일 등이 있다.
- 가을에 낙엽을 갈퀴로 모아 정원 한쪽 구석에 쌓아뒀다 봄에 퇴비로 만들어 쓰면 좋다.

note

 정원은 인생과 비슷하다. 사소한 일들을 소홀히 하면 엉망진창이 되지만, 사소한 일들만 잘 챙겨도 아름다움이 창조된다. – 마리아 & 조셉 가르시아의 《정리하라, 그러면 자유로워진다》 중에서

정리 유지하기

1개월

♥ 정원과 화단의 잡초를 뽑아내고 거름을 준다.

3~6개월

♥ 다가오는 계절에 대비해 정원과 집 외부를 정비한다.

♥ 화단의 가장자리를 말끔하게 정돈한다.

♥ 정원의 땅에 거름을 준다.

1년

♥ 배수구와 낙수홈통을 깨끗이 청소한다.

♥ 뿌리 보호용 덮개를 필요한 수량만큼 깔아준다.

♥ 대문과 현관 등에 페인트칠을 한다.

PART **07**

특별한 날 계획하기

45 기념일 ◆ 간소하게 치르자

46 파티 ◆ 추억을 만드는 일에 집중하자

47 여행 ◆ 옷은 절반만 가져간다

48 이사 ◆ 하나의 상자에는 한 방에 있던 물건만 담는다

49 개학 ◆ 가족 달력을 만들어 서로의 일정을 공유한다

50 출산 ◆ 모성이라는 강력한 에너지를 활용하자

51 안전대책 ◆ 화재가 발생했을 때 모일 장소를 정한다

52 고인의 유품 ◆ 정리할 준비가 될 때까지 기다린다

간소하게 치르자

기념일

기념일은 이곳저곳 돌아다니느라 피로와 스트레스가 쌓이고 우울해지는 시간이 아니라 축복의 시간이 되어야 합니다. 누구나 좋은 때가 있어요. 그럴 때는 하고 싶은 일이 너무 많아서 도저히 다 할 수가 없지요.

여러분이 생각하는 이상적인 휴일이란 어떤 것인지를 상상해보고 그것을 현실로 만드는 것은 어떨까요? 사회가 바라는 대로, 가족이 기대하는 대로 휴일을 보내야 한다는 강박관념은 떨쳐버리세요.

이번주 할 일

- ☐ 중요한 기념일을 달력에 표시한다. 특별한 기념일에 장식을 하는 경우 설치하는 날과 철거하는 날을 정해서 달력에 따로 표시한다.
- ☐ 기념일 용품을 모두 한 곳에 모아 필요한 날에 따라 분류, 정리한다. 크리스마스나 생일 같은 기념일마다 수납함이나 상자를 따로 만들어 수납하고 알아보기 쉽도록 라벨을 붙인다. 공간이 좁은 경우 라벨을 붙인 상자에 기념일 용품을 넣고 그 상자들을 더 커다란 수납함에 넣는다. 이렇게 하면 커다란 상자에 여러 가지 용품을 같이 수납하는 것보다 편하고 물건을 구분하거나 꺼내기도 쉽다. 분류 작업을 하면서 망가진 물건은

모두 버린다.
- [ ] 실내 장식용품을 수납할 최적의 장소를 찾아본다. 옷장을 비우거나 다락방 한쪽을 치우고 수납하면 어떨까?
- [ ] 실외 장식품도 똑같은 과정을 밟아 정리한다.
- [ ] 지인에게 선물을 주거나 카드를 보낼 계획을 세우고 우선순위를 매긴다. 쇼핑은 언제까지 끝내고 카드는 언제까지 보낼지를 정해서 달력에 표시한다.
- [ ] 명절, 생일, 기념일 등에 쓸 포장지와 쇼핑백을 모두 모아 접근성이 높은 서랍이나 수납함에 보관한다.
- [ ] 지인의 생일 또는 기념일을 빠짐없이 챙긴다. 다음과 같은 방법을 활용하면 잊지 않고 챙길 수 있다.
    - 매년 1월에 모든 생일과 기념일을 플래너에 기록해둔다.
    - 작은 수첩에 기록해서 가방에 넣어 가지고 다닌다.
    - 기념일을 알려주는 무료 인터넷 서비스에 가입하거나 휴대전화 기념일 알람 메뉴를 활용한다.
- [ ] 상품권을 선물하면 어떨까? 쇼핑도, 포장도, 교환도 필요하지 않아서 일이 아주 간단해진다.
- [ ] 세일 기간에 선물을 미리 사둔다. 단, 미리 구입한 선물을 수납할 공간이 있을 때만! 집 안 구석구석에 선물을 숨겨두다가는 잊어버리기 십상이니 모든 선물은 한 군데 모아 보관한다. 또 선물을 사놓고 잊어버리거나 지나치게 많이 사는 일이 없도록 하기 위해서는 구입한 물건의 목록을 만든다.
- [ ] 연하장과 카드는 종류별로 분류해서 아코디언 파일에 넣어둔다. 이 파일을 포장지와 같은 장소에 두면 편리하다.

무엇부터 할까?

- 준비를 간소하게 하자. 사소한 일에 집착하다 보면 기념일의 진짜 의미를 잊고 넘어갈 우려가 있다. 모든 일을 완벽하게 해내지 않아도 된다.
- 매년 기념일이 돌아오면 나에게 주어진 삶을 돌아보고 감사하는 시간을 가지자.
- 사람은 누구나 가족적인 분위기 속에서 얻는 안정감과 위안이 필요하다. 여유로운 마음으로 명절을 즐기자.
- 경제적 형편이 어려우면 창의적인 아이디어를 내자. 명절의 참된 의미는 가족들에게 사랑과 감사를 전하는 것이지 그럴듯한 인상을 남기는 것이 아니다. 때로는 직접 만든 선물이 값비싼 선물보다 의미 있지 않겠는가.
- 명절에는 될 수 있는 대로 온 가족이 빠짐없이 참여할 수 있게 계획을 세우자.
- 크리스마스 때 장식으로 쓰는 전구는 매달기 전에 반드시 시험해본다.
- 지인들의 생일을 잊지 말자. 휴대전화의 알림 기능을 활용해도 좋고 중요한 날을 일일이 알려주는 무료 인터넷 서비스도 있다.
- 주소록을 컴퓨터에 저장해놓고 자주 업데이트하자. 이렇게 하면 카드나 연하장을 보낼 때 주소를 라벨에 출력해서 쓸 수 있다.
- 장식을 할 때마다 장식용품을 점검하고 사용하지 않는 물건을 즉석에서 처분한다. 사용하지 않는 데는 다 이유가 있게 마련이고, 십중팔구는 마음에 들지 않아서일 것이다.

🍃 쇼핑백을 재사용하자.
🍃 친척과 친구에게 명절에 선물을 사주는 대신 내가 선택한 공익단체에 기부해달라고 부탁하자.

 범사에 기한이 있고 천하만사가 다 때가 있나니. - 전도서 3장 1절

정리 유지하기

1개월
♥ 매달 초에 그달의 모든 생일과 기념일을 표시한다. 선물을 살 날짜, 파티를 준비할 날짜, 축하카드를 보낼 날짜, 장식을 설치하고 떼어낼 날짜도 미리 계획한다.

3~6개월
♥ 장식을 철거할 때마다 그 해에 사용하지 않은 장식용품을 버린다.
♥ 세일 기간에 행사 때 쓸 포장지를 미리 사놓는다. 예를 들어 송년세일 때 크리스마스용 포장지를 미리 사두면 이듬해 크리스마스에는 포장을 일찍 시작할 수 있다.

1년
♥ 중요한 기념일과 생일을 모두 플래너에 기록한다.

추억을 만드는 일에 집중하자

파티

파티는 축하하기 위한 시간이지요! 가족이나 친구들과 함께 보내는 소중한 시간이기도 하고요. 하지만 완벽한 파티를 준비하고 손님들에게 좋은 인상을 남기는 데 너무 골몰하는 분들이 많은 것 같아서 안타까워요. 그러다 보면 나중에는 스트레스를 받을 뿐 아니라 가장 중요한 일, 즉 재미있게 놀고 추억을 만드는 일을 잊어버리게 되거든요.

결혼 축하파티든 생일파티든 간에 파티 준비의 가장 중요한 원칙은 '꾸물거리지 말자!' 랍니다. 파티 당일이 되기 전에 최대한 많은 일을 끝내 놓으면 준비가 수월해져서 훨씬 즐거운 자리를 만들 수 있거든요. 손님이 도착한 후에는 심호흡을 한 번 하고 마음껏 즐기기만 하세요! 지금 파티를 열 계획이 없다면 이번 주 과제를 굳이 실행에 옮길 필요가 없겠지요? 특별한 날을 준비할 때 언제라도 참조하세요.

이번주 할 일

- ☐ 파티 날짜를 정한다.
- ☐ 손님 명단을 작성한다.
- ☐ 음식 메뉴를 정한다. 손님상에 올릴 요리의 레시피를 모두 찾아놓고 장보기 목록을 꼼꼼하게 작성한다. 장보기 목록은 신선식품과 나머지 재

료를 구분해 두 가지로 작성한다. 부패할 염려가 없는 재료는 미리 사고 신선식품은 하루나 이틀 전에 사면된다.

- [ ] 초대장을 만들어 우편으로 보내거나 이메일, 휴대전화 문자서비스를 이용한다. 어떤 파티를 여느냐에 따라 다르지만 통상 2~3주 전에 초대장을 보내는 것이 좋다.
- [ ] 파티의 콘셉트와 장식을 결정한다.
- [ ] 특별한 순서를 넣거나 게임을 하고 싶으면 미리 계획을 세워둔다.
- [ ] 집에서 파티를 열기로 했다면 파티 전날 집을 깨끗이 청소한다.
- [ ] 장식과 음식 준비는 파티 전날 미리 해둔다.

무엇부터 할까?

- 파티 초대장을 받은 즉시 시간과 장소와 전화번호를 플래너에 기록하자. 처음 가는 장소라면 교통편이나 방향도 함께 기록하고, 참석 여부 회신도 잊지 말자.
- 마트나 레스토랑에서 판매하는 파티용 조리음식을 이용하면 음식 준비 시간이 대폭 절약된다.
- 파티를 준비할 때는 항상 손님들에게 참석 여부를 확인하자. 그래야 준비해야 할 음식의 양을 정확히 가늠할 수 있고 좌석 준비도 원활해진다.
- 초대장을 보내기 전에 메뉴를 계획하자. 이렇게 하면 손님 중에 누군가가 음식을 가져오겠다고 제안할 때 무엇을 가져오라고 정해줄 수 있다.

note

 무엇을 소망할 에너지가 있으면 계획도 세울 수 있다. - 엘리너 루스벨트(미 대통령 영부인)

파티 준비 점검표

- 식탁보
- 접시와 그릇
- 음료수, 커피, 와인 등 용도별 컵
- 일회용 수저와 젓가락
- 플라스틱 일회용 용기
- 가위, 칼
- 깡통따개
- 음료 캔 등을 담을 아이스박스
- 연장용 테이블
- 냅킨
- 걸레와 행주
- 모기약과 자외선 차단제(야외에서 파티를 여는 경우)
- 쓰레기봉투

옷은 절반만 가져간다

여행

우리가 휴가철에 여행을 떠나는 것은 푹 쉬고 즐기며 원기를 회복하기 위해서입니다. 여행에서 돌아오자마자 일을 너무 많이 하려 들면 휴가 때 얻은 기운이 다 소진될 수 있어요.

출발하기 전에 미리 계획을 세우고, 돌아와서도 조금은 느긋하게 지내세요. 그래야 휴가에서 일상으로의 전환이 순조롭고 여행의 효과도 오래 지속될 것입니다.

이번주 할 일

- ☐ 교통편을 정한다. 항공편을 이용하려면 그날의 마지막 비행기는 되도록 예약하지 말자. 혹시 그 비행기가 결항이라도 되면 난감해지기 때문이다. 그리고 예약할 때는 다른 좌석에 비해 다리를 뻗을 공간이 넉넉한 비상구 근처 좌석을 달라고 요청하자.
- ☐ 직장에 휴가를 신청할 때는 집에서 여독을 풀 수 있도록 하루 정도 여유를 둔다.
- ☐ 여권이나 예방접종이 필요한 경우 여행 몇 달 전부터 계획을 세워 준비한다. 여권신청이 처리되는 데는 보통 1주일 정도 소요되고, 예방접종

도 어떤 경우에는 몇 주 간격으로 단계별 접종이 필요하다. 그러므로 여행을 떠나기 전에 모든 절차를 마무리하려면 충분히 시간을 두고 움직여야 한다.

☐ 주소를 여행가방 안쪽과 겉면에 각각 써서 붙인다. 눈에 잘 띄는 리본이나 스티커 등을 붙이면 수화물 컨베이어에서 알아보기 쉽고 다른 사람들이 자기 가방으로 착각할 확률도 낮아진다.

☐ 천으로 된 세탁가방을 가져가서 여행 중 지저분해진 옷을 넣는다. 여행을 마치고 돌아올 때 천가방을 통째로 짐 속에 넣으면 지저분한 옷과 깨끗한 옷이 섞이지 않아서 좋다.

☐ 짐을 꾸리기 전에 숙박과 관련된 사항을 결정한다. 옷 색깔을 서너 가지 톤으로 통일해서 가져가면 짐도 줄어들고 옷의 활용도도 높아진다. 어떤 옷과도 무난하게 어울리는 옷을 가져가서 다양하게 코디해서 입자. 짐을 꾸릴 때는 가져가고 싶은 물건의 50퍼센트만 여행가방에 넣는다. 반드시 필요해서가 아니라 '혹시나' 해서 챙긴 물건이 있는가? 나중에 필요하면 여행지에서 사도 되지 않을까?

☐ 여행용 세면도구를 준비해서 여행가방에 넣는다. 액체로 된 세안용품 따위를 가져가려면 플라스틱 통에 4분의 3 이하로 채워 밀봉해서 지퍼백에 넣는다. 플라스틱 통 안에 남아 있는 공기를 빼내 액체가 새지 않게 한다. 비행기를 타는 경우 이런 물건은 여행가방에 넣어 검사를 받아야 한다.

☐ 목적지까지 가는 도중 꺼내야 할 물건들은 작은 가방에 넣어 들고 다닌다. 비행기표, 현금, 운전면허증, 여권, 의약품, 사진기, 안경, 주소록, 휴대전화, 읽을거리, 중요한 서류 등이 이러한 물품에 속한다.

☐ 출발하기 전에 집을 깨끗이 청소한다. 여행을 마치고 돌아왔을 때 집이

말끔하고 쾌적하면 마음이 더욱 편해질 것이다.
- ☐ 일정표를 두 장 출력해서 하나는 가져가고 다른 하나는 함께 여행하지 않는 친구나 가족에게 준다. 비행기 번호와 숙박업소 전화번호도 첨부해야 한다.
- ☐ 애완동물이나 식물을 돌봐야 할 경우 가족이나 친구에게 부탁하고 집 열쇠를 맡긴다.
- ☐ 비행기를 탈 예정이라면 출발 및 도착 시각을 다시 한 번 확인한다. 차를 몰고 갈 예정이라면 도로지도를 가져가고 해당 지역의 교통기관 홈페이지를 미리 방문해 도로 상태와 공사 진행 여부를 확인한다.
- ☐ 출발 전날 밤에 여행가방, 차표 또는 비행기표, 손가방, 신분증 등을 현관 앞에 가져다 놓는다. 자동차를 타고 갈 예정이라면 전날 밤에 짐을 최대한 실어놓는다.
- ☐ 집에서 나가기 전에 가전제품의 플러그를 뽑는다.
- ☐ 냉장고에 들어 있는 상하기 쉬운 음식을 꺼낸다. 집 안의 휴지통을 모두 비우고 쓰레기를 내다 버린다.
- ☐ 문과 창문을 모두 잠그고 경보 시스템을 가동한다.

무엇부터 할까?

- 출발 전날 밤까지 기다리지 말고 미리미리 짐을 싸자. 막판에 챙겨야 할 사소한 물건이 생각보다 많아서 자칫하면 여행 전날 새벽 2시에 잠자리에 드는 사태가 생긴다.
- 짐 부피를 줄이기 위해 양말과 속옷, 벨트를 구두 속에 넣자.
- 아이들과 함께 여행하는 경우 아이들이 심심해할 때를 대비해 장난감과 게임기를 챙겨가자.

여행을 준비할 때는 당신이 챙긴 옷과 돈을 모두 펼쳐놓아라. 그리고 나서 옷은 절반만, 돈은 두 배로 가져가라. - 수잔 헬러(저술가)

- 쇼핑을 많이 할 계획이라면 여분으로 가방을 하나 더 가져가자.
- 여행용 가방을 살 때는 어떤 유형의 여행을 자주 다니는지 고려하자. 가벼운 소재로 만들어져 들고 다니기 편한지도 확인하자.
- 여행가방을 쌀 때는 도착해서 가장 먼저 필요로 할 만한 물건을 가장 꺼내기 쉬운 위치에 넣자. 이렇게 하면 여행가방 속을 온통 헤집을 필요가 없다.
- 항공편을 이용할 경우 귀중품은 여행가방에 넣지 말고 작은 가방에 넣어 몸에 지니고 다니자.
- 여행가방에 집어넣은 물건 목록을 만들어 여행길에 가져간다. 돌아올 때가 되어 다시 짐을 쌀 때 이 목록을 보면서 잊은 물건이 없는지 점검한다.
- 출발하는 주에 영양가가 풍부한 식사를 평소의 두 배분량으로 만들어 절반은 먹고 나머지 절반은 냉동실에 얼려둔다. 여행에서 돌아왔을 때 데우기만 하면 식사 준비가 간편하게 끝나 편리하다.
- 여행에서 돌아오고 나서 집에서 보내는 시간을 최대한 활용해야 한다. 전화는 직접 받지 말고 자동응답기를 켜두자. 계속 유혹을 느낀다면 아예 전화기 소리를 꺼두자. 짐을 다 풀고 세탁까지 마친 후 우편물을 열어보고, 집이 어느 정도 정리된 후에 전화기 음성사서함과 전자우편을 확인하자. 정리가 끝나기도 전에 외부와 연락을 취하면 심란해지고 짜증이 날지도 모른다.
- 여행 후에는 무조건 휴식을 취하자. 평소에 하던 대로 운동이나 산책, 정원 가꾸기를 하자. 늦게까지 푹 자거나 낮잠을 자고, 휴가 중에 읽던 책을 마저 읽어도 좋다.

여행준비물 점검표

♥ 성인

- 사진이 부착된 신분증
- 여행 복장
- 속옷, 잠옷
- 벨트
- 양말, 신발
- 넥타이
- 겉옷
- 모자, 장갑, 우산
- 칫솔, 치약
- 화장품, 화장솜, 면봉
- 향수, 로션
- 면도기
- 수영복
- 비치타올
- 자외선 차단제
- 드라이기, 고데기
- 사진기와 배터리
- 비디오카메라
- 현금, 신용카드, 직불카드
- 전화번호 수첩
- 휴대전화와 충전기
- 사람들에게 줄 선물과 카드
- 사람들에게 돌려줄 빌린 물건
- 책, 잡지
- 병따개
- 껌
- 컨버터
- 더러워진 옷을 넣을 천가방
- 선글라스

♥ 아동 또는 유아
  - 여행용 복장
  - 잠옷
  - 양말
  - 신발
  - 겉옷
  - 모자
  - 수영복, 물안경 등 수영용품
  - 자외선 차단제
  - 의약품
  - 기저귀
  - 손수건
  - 이유식
  - 분유
  - 젖병
  - 수저
  - 턱받이
  - 아이가 좋아하는 장난감
  - 책
  - 비디오테이프
  - 유모차

하나의 상자에는
한 방에 있던 물건만 담는다

이사

길 건너편으로 가든, 혹은 멀리 떨어진 곳으로 가든 간에 이사는 엄청난 일이어서 시간이 많이 소요됩니다. 하지만 몇 가지 팁과 점검표를 잘 활용하면 이사 전후는 물론 이사하는 동안에도 스트레스를 받지 않고 체계적으로 일을 처리할 수 있답니다.

이번주 할 일

☐ 이사를 하기로 결정한 즉시 물건을 분류하기 시작한다. 가져가지 않을 물건을 기부하거나 중고로 팔아버리면 이삿짐을 쌀 때 시간과 공간이 절약될 뿐 아니라 새집에서 상쾌하고 깔끔하게 생활을 시작할 수 있다. 새집으로 옮기고 나서 불필요한 물건을 추려내면 된다는 생각은 금물! 물건을 분류하는 작업은 방별로 수행하는 것이 좋다. 이사하는 날까지 시간이 얼마나 남아 있느냐에 따라 하루에 방 하나 내지는 1주일에 방 하나씩 정리한다.

☐ 이삿짐을 싸기 전에 현재 살고 있는 집 사진을 찍어두면 나중에 살림살이를 정리할 때 도움이 된다.

☐ 이삿짐을 싸는 작업은 방별로 진행한다. 다시 말해서 하나의 상자에는

 미리미리 준비하면 나중에 다 쓸 데가 있다. 노아가 방주를 만들 때는 비가 내리지 않았다. —작자 미상

한 방에 있던 물건만 담는다. 상자마다 라벨을 붙여 어느 방의 물건인지 표시하고 짐을 다 싼 상자에는 유성펜으로 번호를 매긴다. 모든 상자의 번호와 내용물을 수첩에 기록한다.

- [ ] 이사 전까지 없어도 무방한 물건과 장식품을 먼저 포장한다.
- [ ] 무거운 물건은 운반하기 쉽도록 작은 상자에 조금씩 나눠 담는다. 가벼운 물건은 큰 상자에 담는다.
- [ ] 옷을 의류 전용 커버나 옷걸이가 달린 상자에 몇 벌씩 나누어 포장하면 나중에 다시 걸고 세탁하고 다림질하는 등의 수고를 하지 않아도 되므로 시간이 대폭 절약된다.
- [ ] 책은 책꽂이에 꽂혀 있던 순서대로 상자에 담는다.
- [ ] 새집에 들어갈 때는 주방, 욕실 등으로 분류된 이삿짐 상자를 모두 한 방에 쌓아두었다가 한 번에 한 상자씩만 뜯는다. 이렇게 하면 짐을 푸는 과정이 한결 간단하고 집 안을 왔다 갔다 하는 데 방해가 되지도 않는다.

note

이사 점검표

♥ 6~12주 전

- 기부할 수 있거나 바자회에서 판매할 수 있는 물건을 골라내 상자에 담는다. 방을 하나씩 둘러보면서 사용하지 않는 물건, 새집으로 가져갈 필요가 없는 물건을 찾아본다.
- 상자를 모은다. 이삿짐센터에 연락하면 이사 전에 미리 상자를 가져다주기도 하는데 그것을 써도 된다.
- 물건을 살 때 생기는 비닐봉지를 모두 모은다. 이삿짐을 쌀 때 유용하다.
- 주소 변경 사실을 통보할 곳의 목록을 만든다. 우편물을 수령하는 곳에는 모두 알려야 한다.
- 이삿짐센터에 전화를 걸어 견적을 받는다.
- 이사할 집 주소가 인쇄된 라벨을 준비한다.
- 보험회사에 변경사항을 알린다.
- 아이들이 전학을 가야 한다면 새로 다닐 학교에 연락해 등록 절차를 알아보고 원래 다니던 학교에서 전학 서류를 뗀다.
- 의사와 수의사에게서 진찰기록을 받는다.
- 애완동물을 기르고 있다면 새 주소가 인쇄된 인식표를 붙인다.
- 헤어지게 될 이웃들의 주소와 전화번호를 수첩에 적어둔다.

♥ 2~5주 전

- 앞으로 5주 동안 필요하지 않을 만한 물건을 모두 포장하기 시작한다. 지난 1년간 한 번도 쓰지 않은 물건은 절대 포장하지 말자! 기부하거나 판매하거나 버리자.

- 상자마다 번호를 매기고 어느 방의 물건인지 표시한 라벨을 붙인다. 그러고 나면 각 상자에 담긴 물건을 구체적으로 기록해둔다. 이렇게 하면 나중에 물건을 찾느라 시간을 허비할 일이 없다.
- 집에 있는 음식물과 음식재료를 부지런히 소비한다.
- 새집에 가스·수도·전기 등을 연결하거나 신청한다.
- 신문 구독을 중단한다.

♥ 1주 전
- 지인들에게 주소 변경을 알리는 카드를 보낸다.
- 우체국에 새 주소를 알려주면 우편물을 3개월간 배달해준다.
- 커튼을 세탁해서 포장한다.
- 세탁소에 맡긴 옷을 찾아온다.
- 냉장실과 냉동실을 비우고 전원을 차단한다.

♥ 이사한 후
- 주민등록증에 기재된 주소를 갱신한다.
- 아이를 새 학교에 등록시킨다.
- 비상용 연락처 목록을 새로 만든다.
- 먼저 살던 집에 도착한 우편물이 없는지 확인한다.
- 차량 주소지를 변경한다.

가족 달력을 만들어
서로의 일정을 공유한다

개학

새 학년이 시작되는 시기에 준비를 잘하면 학기 내내 한결 순조롭게 흘러가지요. 개학이 다가오면 부모는 할 일들을 요령 있게 정리해야 합니다. 그래야 아이들도 제대로 준비시킬 수 있거든요.

이번주 할 일

- ☐ 아이에게 필요한 건강검진이나 병원 치료 날짜를 정한다.
- ☐ 등교하기 전 또는 방과 후에 아이를 다른 사람 손에 맡겨야 하는 경우 적절한 준비를 한다.
- ☐ 집에 '학교 정보란'을 만들어 학교 통지문, 수학여행 허가서 등을 붙여 놓게 한다. 가족 달력도 함께 두면 온 가족이 서로의 일정을 알 수 있어서 무척 편리하다. 아이의 학교 달력에 적혀 있는 일정도 모두 가족 달력에 옮겨 적어 모든 일정을 한눈에 볼 수 있도록 하자. 이렇게 하면 약속이 중복되는 일도 줄어든다.
- ☐ 아이들이 차분하게 숙제를 할 수 있는 장소를 정한다.
- ☐ 가족들이 등교 또는 출근할 때 매일 가지고 나가는 책가방, 외투, 도시락통, 서류가방, 공책, 신발 등을 보관하는 구역을 정한다. 이곳에 고리

와 벽장을 달거나 탁자, 서랍장 등을 놓아 물건을 수납하고 정리한다. 현관 옆에 이런 공간이 있으면 가족들도 집에 들어오자마자 물건들을 아무렇게나 내던지지 않을 것이다.

- [ ] 신학기에 아이가 입을 옷을 산다.
- [ ] 아이들이 새로운 생활에 쉽게 적응하게 하기 위해 개학 몇 주 전부터 취침 시간과 기상 시간을 학기 중과 똑같이 맞춘다. 이렇게 하면 새학기 첫날 아침에도 아이들이 등교할 때 피곤해하지 않는다.
- [ ] 어린아이일수록 개학 전부터 아침에 등교 준비를 하는 과정을 연습시킨다. 아이에게 일정표를 짜주고 늦으면 어떤 벌칙을 줄지도 정한다.
- [ ] 체육 활동, 음악 레슨, 무용, 보이스카우트 또는 걸스카우트와 같은 방과 후 활동에 필요한 서류를 작성해서 제출한다.
- [ ] 학교에서 아이가 들고 오는 서류 가운데 중요한 것은 3공 바인더에 끼워놓았다가 나중에 필요할 때 참조한다. 아이가 여러 명이면 색깔이 다른 바인더를 사용해 구분한다.
- [ ] 새학기용 학용품을 산다. 특별활동에 필요한 물품도 잊지 말자.
- [ ] 입학식 전날 밤에는 카메라 또는 비디오카메라 배터리를 미리 충전한다. 기억에 남을 만한 장면을 제대로 기록해 두자!
- [ ] 숙제 점검표를 만들어 '학교 정보란'에 붙여둔다. 점검표는 화이트보드에 쓰거나 간단한 달력 형태로 만들고, 아이가 학교에서 돌아오면 다음 날까지 해야 할 숙제를 써넣게 한다.

무엇부터 할까?

- 매일 들고 다니는 물건들을 보관할만한 공간이 없으면 현관 벽장을 개조하는 것은 어떨까? 아이들 손이 닿을 만한 높이에 고리를 설치하자.

- 새학기용 옷을 사기 전에 그동안 남에게 물려받은 옷들을 살펴보면서 올해 아이들에게 입힐 만한 옷을 골라낸다.
- TV와 게임기에 이용시간을 제한하는 타이머를 설치한다. 크리스마스 장식용 전구에 부착하는 타이머를 써도 되고, TV 시청 허용시간을 요일별로 다르게 설정할 수 있는 고급형 모델을 사도 된다.
- 아이 옷을 전날 밤에 미리 챙겨두면 아침에 시간이 절약된다. 아이가 혼자 옷을 갈아입을 나이가 되면 스스로 옷을 고르게 하자. 침대 밑에 얕은 플라스틱 바구니를 두고 1주일치 옷을 미리 담아놓는 방법도 있다.
- 등교하는 날 아침에 아이가 해야 할 일을 순서대로 나열한 시각자료를 만들자. 예를 들어 양치질하는 그림, 옷을 갈아입는 그림, 머리를 빗는 그림 등 직접 그린 그림이나, 잡지에서 오린 사진, 아이의 모습을 촬영한 사진을 욕실 문 뒤쪽이나 아이 방에 순서대로 붙여놓으면 아이가 스스로 준비하는 데 많은 도움이 된다.
- 가족들이 아침을 준비하는 동안 집 안에 음악을 틀어놓아 밝고 경쾌한 분위기를 만든다. TV는 집중을 방해하므로 꺼 놓는다.
- 아이를 학교에 보내는 시간을 고려해서 기상시각과 아침 일과를 변경한다.

note

 아이를 당신만큼 가르칠 생각은 말라. 아이는 당신과 세대가 다르다. – 유태교 랍비의 금언

새학기 준비 점검표

- 책가방
- 연필과 펜, 지우개
- 가위
- 도시락통
- 파일
- 서류
- 노트
- 옷
- 신발
- 겉옷
- 우산
- 스포츠용품
- 특별활동에 필요한 물품

모성이라는 강력한 에너지를 활용하자

출산

임신을 하셨다고요? 축하합니다. 부모가 된다는 것은 감동적이고, 가슴이 두근거리고, 힘들지만 보람 있는 일이랍니다.

비키 로빈Vicki Lovine의 《임신한 친구에게 선물하는 책》을 보면 다음과 같은 말이 나와요. "임신한 여자는 온 세상으로부터 사랑받는다. 모든 사람이 그녀를 보호하고, 격려하려 하고, 출산 경험이 있는 여자들은 새로운 동지가 생긴다는 사실에 열렬히 환호한다." 저도 이 말에 전적으로 공감합니다!

저는 엄마이자 엄마들을 대상으로 하는 사업을 하며 경험을 통해 얻은 결론이 있습니다. '모든 엄마는 본질적으로 똑같다!'라는 거예요. 엄마들은 너나없이 아이들을 사랑하고, 아이들에게 무엇이든 최고로 해주고 싶고, 그리고 온종일 아이들이 어질러놓은 것을 치우지요. 하지만 모성본능이 솟아나기 시작할 무렵이면 뒤치다꺼리 정도는 이미 준비된 거나 다름없답니다. 모성이라는 강력한 동기와 에너지를 십분 활용해서 아기가 태어나기 전에 잘 준비하세요. 지금 준비를 충실히 해놓으면 아기가 태어나고 나서 더 많은 시간을 아기와 함께할 수 있습니다.

이번주 할 일

☐ 선물로 받고 싶은 육아용품 목록을 작성한다. 첫 아이를 위한 선물이라면 아이 둘 이상을 키울 때까지 쓸 수 있는 물건을 고른다. 다음 번에는 출산 축하 선물을 받지 못할지도 모른다.

☐ 목욕용품, 기저귀, 아기 침대, 유모차, 유아용 카시트는 성별과 관련 없이 쓸 수 있는 무난한 색깔을 선택한다.

☐ '할 일 목록'에 올라 있는 일 가운데 아이가 태어나면 시간이 없어서 할 수 없는 중요한 일들을 처리한다. 출산 축하 선물을 준 사람들에게 감사 카드를 보내는 일은 미루지 말고 그때그때 한다. 나중에는 신경 쓸 겨를이 없을 것이다.

☐ 보험증서를 다시 살펴보면서 내가 가입한 보험에 어떤 혜택이 있는지 숙지한다.

☐ 세일기간에 기저귀를 여유있게 사둔다.

☐ 임신기간 동안의 기념품과 추억이 담긴 물건을 정리할 계획을 세운다.
- 축하카드와 편지를 예쁜 기념품 상자에 정리한다.
- 임신기간에 찍은 사진과 출산 축하파티 사진을 모두 하나의 앨범에 정리한다.

☐ 분만교실을 알아보고 적어도 예정일 한 달 전까지 등록한다.

☐ 손님맞이 계획을 세운다. 시간을 미리 정해서 가까운 사람들을 한 명씩 초대해 아기를 보여주면 큰 부담이 되지 않을 것이다. 단, 아기와 단둘이 보내는 시간도 충분히 계획해야 한다.

☐ 예정일이 가까워지면 식사를 미리 만들어 냉동실에 얼려놓는다. 이렇게 하면 아이가 태어난 후 식사준비 걱정을 덜 수 있다.

- ☐ 집을 아기에게 안전한 장소로 바꾼다.
  - 아기 침대와 기저귀 교환대는 창문 블라인드 줄에서 멀리 떨어뜨려 놓는다. 줄이 없는 블라인드와 커튼을 설치하는 것도 좋다.
  - 가구의 뾰족한 모서리에 완충 패드를 붙인다.
  - 책꽂이 선반은 모두 벽에 단단히 고정해 아기가 잡아당기지 못하도록 한다.
  - 아기 침대에 시트를 씌워보고 잘 맞는지 확인한다.

무엇부터 할까?

- 사진을 많이 찍어두자.
- 아기가 태어나면 아기가 잠을 자는 동안 현관문에 양해를 구하는 쪽지를 붙여놓고 방문객을 받지 않는다. 친척과 친구들에게는 아기의 시간표를 알려주어서 낮잠 시간이나 수유 시간을 방해하지 않게 한다.
- 임산부복도 유행이 있으므로 3년 이상은 보관하지 말자.

note

 갓 태어난 아기는 지상 만물의 시작이다. 경이로움, 희망, 가능성의 시작이다. – 에다 J. 르 샨(심리학자)

출산준비물 점검표

- 아기 침대
- 매트리스
- 뚜껑 달린 요람
- 이동식 아기 침대
- 아기 침대용 시트
- 서랍장
- 흔들의자
- 기저귀 교환대
- 유아용 식탁 의자
- 원형 놀이기구
- 걸음마 보조기
- 기저귀 가방
- 유아용 카시트
- 유모차
- 외출용 우주복
- 물티슈 워머

- 젖병
- 손수건
- 담요
- 침구
- 베이비 모니터
- 모빌
- 사운드머신
- 기저귀통
- 욕조
- 아기용 연고
- 체온계
- 유축기
- 범보 의자
- 흔들그네
- 턱받이
- 카시트 커버

* 여기서 제시하는 목록은 권장사항에 불과함

화재가 발생했을 때 모일 장소를 정한다

안전대책

가족의 안전은 우리에게 가장 큰 관심사가 되어야겠지요? 생활이 바쁘더라도 조금씩 시간을 내서 이번 주의 과제를 수행해봅시다. 세상에는 미리 계획할 수 없는 비상사태가 수두룩하지만 그래도 대책을 세워놓을 필요는 있어요. 어쩌면 불행을 미연에 방지할 수 있을지도 모르잖아요. 이번 주에는 안전대책 세우기라는 비교적 간단한 과제를 수행합니다. 하지만 미루지는 마세요. 나중에 가서 후회해도 소용이 없답니다.

이번주 할 일

- ☐ 화재감지기 배터리를 확인하고 소화기를 하나씩 살펴보며 유통기한이 지나지 않았는지 확인한다.
- ☐ 가족과 함께 화재 안전대책을 세운다. 모든 가족 구성원의 침실에 비상 탈출구를 2개 이상 마련하고, 만약에 화재가 발생했을 때 모일 장소를 정한다.
- ☐ 집에 있는 귀중품 목록을 작성한다. 절도나 화재에 대비해 각 방을 비디오카메라에 담아두고 중요한 서류는 사진 촬영을 해둔다.
- ☐ 온수기를 점검하고 온도를 48도 이하로 맞춘다.

- [ ] 전등과 조명장치를 모두 점검하고 전구의 와트 수가 맞는지 확인한다.
- [ ] 비상시 연락할 전화번호 목록을 만들어 전화기 근처에 둔다. 이 목록의 존재를 온 가족에게 알리고 육아 도우미에게도 알려준다.
- [ ] 난방장치를 점검하고 적절한 위치에 일산화탄소 누출 감지기를 설치한다. 이미 감지기가 있다면 배터리 상태를 확인한다.
- [ ] 충전 가능한 손전등을 침대 곁에 둔다.
- [ ] 집에 아이들이 있을 때는 항상 위험한 요소가 있는지 다시 한 번 살펴본다. 집을 아이들에게 안전한 공간으로 바꾸기 위해 전기 콘센트에 안전 덮개를 씌우고 세제, 의약품, 기타 독성 물질은 적절한 용기에 담아 아이들 손이 닿지 않는 곳에 보관한다.
- [ ] 정전이 될 때에 대비해 회로차단기에 라벨을 붙여둔다.
- [ ] 가전제품과 조명등에 연결된 전선 중에 닳은 것이 없는지 확인한다.
- [ ] 집에 벽난로가 있다면 매년 일정한 날짜에 점검을 받는다.
- [ ] 우리 집 비상용품 키트를 만든다. 비상용품 키트에는 양초와 성냥, 응급 처치 물품, 배터리, 손전등, 담요 등이 포함되어야 한다.
- [ ] 아이들에게 안전교육을 한다. 현관문 잠그는 방법, 도움을 요청할 사람의 전화번호 확인, 가벼운 상처를 입었을 때 응급처치 요령, 길을 잃었을 때 대처법 등을 가르친다. 그리고 지문과 DNA 샘플과 개인정보가 담긴 자녀ID 키트를 만들어둔다.
- [ ] 아이가 어떤 사람들과 함께 시간을 보내는지 항상 알고 있어야 한다. 육아 도우미, 이웃, 아이의 친구 가족들도 모두 주의 깊게 살피고 이 사람들에 관해 아이와 대화를 나눈다. 아이가 불안하거나 겁이 날 때 언제든 부모에게 연락할 방법을 마련해둔다.

무엇부터 할까?

- 카펫 밑으로 전선이 지나가게 하지 말자.
- 집을 비울 때 건조기를 작동시키지 말자.
- 지나치게 많은 가전제품을 한꺼번에 작동시키지 말자.
- 안전을 위해 현관문에 잠금장치를 추가로 설치한다.
- 계단 위에 러그를 깔지 말자.

🍃 우리 집에 있는 일반 백열전구를 에너지가 절약되는 고효율 전구로 갈아 끼우자.

note

길이 머니, 우리가 함께 가기를 비나이다. 길이 험하니, 우리가 서로 도우며 가기를 비나이다. 길이 아름다우니, 우리가 행복을 나누며 가기를 비나이다. 길이 한적하니, 우리가 사랑으로 가기를 비나이다. 길이 우리 앞에서 시작되니, 우리가 어서 출발하기를 비나이다. – 선불교 경전

정리 유지하기

1개월

♥ 화재감지기를 점검한다.

3~6개월

♥ 가족과 함께 화재 발생 시 탈출 계획을 재점검한다.
♥ 화재 감지기와 일산화탄소 누출 감지기의 배터리를 교환한다. 매년 봄과 가을에 배터리를 갈아주는 날로 정해놓으면 기억하기에 좋다.
♥ 냉난방과 환기에 사용되는 필터(HVAC 필터)를 교환한다.
♥ 온수기를 세척한다.

1년

♥ 벽난로 점검 일자를 정한다.
♥ 소화기를 점검한다.
♥ 마당에 그네가 있다면 헐거워진 나사가 있는지, 녹슨 곳은 없는지 점검한다.

정리할 준비가 될 때까지 기다린다

고인의 유품

우리는 죽음에 대해서는 되도록 생각하지 않으려 합니다. 하지만 우리 모두 언젠가는 죽음을 현실로 받아들여야 해요. 사랑하는 사람과 사별했을 때 가장 중요한 일은 정말로 정리할 준비가 될 때까지 기다리는 것입니다. 슬픔에도 단계가 있거든요.

그 중 하나가 '정리' 단계인데, 보통 사별 후 18개월에서 24개월 정도의 기간을 거친다고 합니다. 현명한 의사결정이 가능해지고 미래에 대한 관심이 생기는 단계지요. 숫자는 어디까지나 평균일 뿐이니까 이 시기가 18개월보다 빠르게, 혹은 24개월보다 늦게 찾아왔다고 해서 자책하지는 마세요. 어쨌든 이 단계에 이르면 정리할 준비가 된 거예요.

고인의 유품을 정리하는 일을 불편하게 생각지 마세요. 그것은 나쁜 일이 아니랍니다. 정말로 처분하기 어려운 물건들은 새로운 주인의 손에 맡겨 새집으로 보내도 됩니다. 죄책감 때문에 물건들을 간직하고 있느니 그 물건을 실제로 쓰거나 아껴줄 사람에게 사랑을 담아 물려주는 편이 낫습니다.

이번주 할 일

- ☐ 고인의 유품을 정리할 방이나 구역을 정한다.
- ☐ 고인의 유품을 다음과 같이 분류한다.
    - 버릴 것
    - 기부할 것
    - 판매할 것
    - 친척이나 친구에게 물려줄 것
    - 간직할 것
    - 망설여지는 것
- ☐ '버릴 것'과 '기부할 것'으로 분류된 물건을 먼저 처리한다. 부모의 유품을 정리하는 경우 형제, 자매에게도 보여주면서 혹시 간직하고 싶은 것이 있는지 확인하게 한다.
- ☐ 친척과 친구들에게 집으로 와서 가져가고 싶은 물건을 고르라고 한다. 혹시 어떤 물건에 특별히 애착을 가진 사람이 있을지도 모르니까 판매하기 전에 연락해야 한다.
- ☐ '판매할 것'으로 분류된 물건을 어떻게 할지 결정한다. 예를 들면 다음과 같은 방법이 있다.
    - 중고물품점을 통해 판매
    - 지역신문을 통해 판매
    - 인터넷으로 판매
- ☐ '망설여지는 것'으로 분류된 물건 중에 아직 처분하고 싶지 않은 물건은 수납함에 넣고 라벨을 붙여 보관한다. 시간이 좀 더 지나면 이 물건들을 어떻게 할지 결정하기가 쉬워질 것이다. 문서 보관용 수납함을 판

매하는 웹사이트를 찾아본다.

무엇부터 할까?

- 부모와 사별하고 나서 비교적 빠른 시일 내에 슬픔을 극복한 경우, 다른 형제, 자매들이 아직 정리를 생각하지 않고 있다면 굳이 갈등을 일으키지 말자. 간직하고 싶은 물건을 골라내고 나머지를 보관함이나 유료 수납공간에 보관해둔 후 모든 사람이 유품을 정리할 준비가 될 때까지 기다리자.
- 도움이 필요할 때는 친구, 친척, 이웃에게 부탁하자. 장례를 치른 사람을 돕기 위해서라면 다들 기꺼이 시간을 내줄 것이다. 오히려 도움이 필요한지 도움의 손길을 원하는지 여부를 몰라서 가만히 있는 경우가 많다.
- 가족의 장례를 치르면 아이들에게도 어떤 일이 벌어지고 있는지 설명해주자. 시간을 들여서 아이들의 어려움과 감정에 귀를 기울이자.
- 나에게 알맞은 속도로 일을 진행하자. 고인의 물건을 분류, 정리하는 일은 감정적으로 무척 힘이 드는 노동이다. 막중한 임무인 만큼 천천히 진행해도 상관없다는 자세로 임하자.
- 고인의 플래너나 일정표를 확인해서 미리 했던 약속이 있으면 취소 전화를 걸어주자.

note

 찾을 때가 있고 잃을 때가 있으며 지킬 때가 있고 버릴 때가 있나니. – 전도서 3장 1절, 6절

찾아보기

ㄱ

가방 62, 80~91, 93, 101, 122, 151, 154, 159~160, 163, 166~169, 179, 189, 219, 227~230, 236, 239

가변 비용 53

가전제품 23, 25~26, 60, 140, 143, 228, 245~246

개인정보 48, 64, 73, 245

개학 236~237

거실 21, 121, 124~127

거실 탁자 125~126, 178

건강 관련 정보 50

건조기 148, 150~151, 246

건조대 143, 149

걸레 42, 78, 127, 155, 190, 197, 199, 225

게시판 141, 171, 173

경매 사이트 24~25, 201

계좌명세서 55, 59, 63, 65

고인의 유품 248~249

곰팡이 153, 200~203, 213

공구함 209

공작도구 117

광고와 어수선한 삶 17~18

귀중품 목록 50~51, 244

기념일 알림 서비스 219

기념품 182~185, 204~205, 241

기저귀 132~134, 231, 241~243

꿈 32, 144

ㄴ

냉동실 108, 197, 199, 229, 235, 241

냉장고 39, 42, 73, 86, 88, 102, 105, 193, 196~199, 228

ㄷ

다락방 201, 204~207, 209, 219

다리미와 다리미판 149

달력 35, 57, 59, 73, 94, 142, 172, 213, 218~219, 236~237

담요 80, 126, 134, 188, 190~191, 243, 245

도서관에서 빌린 책 176

동기 부여 20

드라이어 시트 160, 202

디지털 카메라 95~97

ㄹ

레시피 106~109, 222

ㅁ

마음 속 정리하기 30

명절 장식품 201

명함 66, 96, 171

모자 121~123, 134, 160, 165~167, 192, 194, 209, 230~231

문서 보관용 상자 184

문서 파쇄기 73, 171

물건 기부하기 23, 27, 93, 98~99, 101, 115, 121, 123, 128, 133, 144, 149, 159, 161~163, 165, 168, 174~175, 178, 180~181, 188~190, 193, 200~204, 206~211, 220, 232, 234, 249

물건 처분하기 248

물건 판매하기 19, 24, 99, 115~116, 121, 128, 133, 161~163, 168, 174~177, 188, 190, 200~204, 206, 208~211, 234, 249

물건에 대한 애착 102

미미 도우(Mimi Doe)
　　바빠도 평화롭게 삽시다 182

미용과 관련된 물품 189

ㅂ

바구니 12, 26, 43, 52, 57, 73, 75, 83, 99~100, 110, 121~122, 125~126, 129, 132, 141, 148~149, 153, 171~172, 179, 197, 238

바자회 234

방의 용도 20, 21

배수구 213, 215

베드스커트 138

벨트 122, 159, 166~168, 224, 228, 230

벼룩시장 25

보석함 168

봉제인형 100

비누 152, 154, 189

비상시 전화번호 목록 245

비상용품 키트 79, 245
    집 245
    자동차 79

빌린 물건 36, 210, 230

ㅅ

사무공간 170, 172~173

사진 27, 49, 51, 94~97, 100, 103~104, 125, 129, 133, 171, 182~185, 197, 199, 201, 205, 227, 230, 232, 238, 241~242, 244

상품 교환증 60~61

상품권 219

생일 알림 서비스 254

샤워기 주변 수납 153~154

서랍장 132, 138~139, 148, 152, 163, 165, 237, 243

서류 20, 49, 52, 57~58, 63~67, 73, 103, 141, 147, 170~173, 201, 234, 236~237, 239

섬유유연제 148~149

세금 관련 서류 58, 60, 65

세제 148~149, 210, 245

세탁실 148~149, 151

소득공제에 필요한 영수증 60~61

소화기 244, 247

손가방 63

손님 명단 222

수건 43, 134, 153, 155, 188~191, 231, 243

수면의 중요성 31, 136

수의사 35, 112, 234

수입 22, 49, 52~54, 63

수입과 지출 결산 52, 54~55, 59

숙제 20, 144, 162, 170, 236~237

스크랩북 95~97, 102, 104, 115

스팸메일 68, 70

습기가 침투하지 않는 수납함 200~201

식단 짜기 107

식당 144~145, 147

식료품 61, 82~85, 106, 192, 195~196

식료품 목록 83, 107

식료품 쇼핑법 84

신문 32, 125, 137, 141, 178~180, 235, 249

ㅇ

아기 침대 132~133, 241~243

아름다운가게 23

아이 작품 102~105

안전 금고 49~50

안전대책 49, 51, 244

애완동물 35, 110~113, 208, 210, 228, 234

애완동물 의료기록 112

액세서리 160, 166, 168~169

앨범 95~97, 107, 182~183, 241

야외 파티 225

양념류 유통기한 199

어수선한 삶 12, 15, 16

어수선한 삶의 단점 15

어수선한 삶의 심리학 15

언젠가 하고 싶은 일 35, 37

여권 49~50, 210, 226~227

여행 49, 80, 112, 168, 226~231, 236

여행가방 227~229

영수증 58, 60~63, 90~91, 93, 141

예산안 53~55

오늘 해야 할 일 35

오토만 의자 126

옷장

　나의 옷장 158

아이 옷장 162~163

이불장 188~191

요리 파티 109

욕실 43, 137, 152~153, 155, 181, 188, 191, 233, 238

욕실용품 189

우산 80, 121~122, 230, 239

우선순위 31, 37~41, 69, 219

우편물 27, 72~73, 75, 141, 171~172, 229, 234~235

운동 31, 39, 42, 124, 136~137, 208~209, 229

위탁판매 24, 27, 159

위탁판매 업체 19, 22, 24~25

유효기간 지난 약품 처분하기 86~89, 153

육아실 132~133

육아일기 105, 184

은제품 보호 254

의류 보존 137~138, 162, 184, 201~202, 206, 233

의약품 86~89, 91, 227, 231, 245

이번 주 내로 할 일 255

이불 151, 188, 190~191

인터넷 뱅킹 57

일기 31, 33, 39, 104, 183, 241

일산화탄소 누출 감지기 245, 247

일정 31, 34~37, 42, 61~62, 91, 103, 110, 161, 228, 236~237, 245, 250

일회용 항균 타월 43

ㅈ

자동이체 54, 57

자동차 40, 48~49, 57, 65, 78~81, 179, 228

자동차 수리 기록 79

자동차 정비 기록 255

자선단체에 기부하기 22~23, 181, 210

자외선 차단제 135, 152, 225, 230~231

작업 코너 115

잡지 26, 73, 75, 125~127, 137, 141, 178~181, 230, 238

장난감 23~24, 80, 98~101, 111, 121, 125~126, 128~129, 131, 133, 135, 141, 144, 153, 155, 201, 205, 208~211, 228, 231

장보기 91

장보기 목록 93, 107, 222

재무 50, 52, 54, 170

저축용 은행계좌 54

전구 145, 147, 189, 220, 238, 245~246

전선 126, 172, 245~246

전자우편 68~71, 172, 229

전학 234

점검표
    새학기 준비 239
    기저귀 가방 134~135
    이사 234~235
    여행준비물 230
    여행준비물(아동) 231
    파티 준비 225
    출산준비물 243
    자동차 내부 79~80
    자동차 트렁크 80

점심 도시락 준비 108

정기간행물 75, 178~181

정리전문가 6, 17, 158~159

정리함 67, 89, 95~96, 115, 141, 179, 183

정산할 영수증 60~63

정원 179, 211~215, 229

조리대 140~141, 143

주방 서랍 143, 192, 194, 219

주소 스티커 176, 180

주소록 70~71, 220, 227

중요한 서류 49, 91, 103, 172~173, 205, 227, 244

지갑 62~63, 90~91, 93, 96, 107

지하실 121, 200~203, 209

집안일 분담표 42~45

집을 아기에게 안전한 장소로 242

ㅊ

차고 255

찬장 110, 142~143, 194

책 32, 36, 40, 80, 91, 99, 125, 129, 132~133, 137, 174~177, 229~231, 233

책상 39, 56, 65~66, 73, 170~173

철 지난 옷 159~161, 165

청구서 52, 55~59, 73, 91, 170, 172

청구서 처리 시스템 56

청소 일정 42

초대장 73, 223~224

추억 상자 103, 105

축하 카드 73, 182

출산 240, 241

출산 축하 선물 241

친환경 정리법 22, 24, 26

침구 137~138, 188~191, 243

침대 시트 188

침실

아이 방 정리 128~129, 131

나의 침실 정리 136

ㅋ

캐런 킹스턴(Karen Kingston)

아무것도 못 버리는 사람 16

컴퓨터와 개인정보 50~51

컴퓨터와 재무정보 52, 54

ㅍ

파티 36, 221~224, 241

퍼즐 조각 100

펀드 54, 58, 63

포장지 80, 219, 221

풍수 16~17

플래너 13, 31, 34~35, 37, 39, 41, 57, 61, 91, 99, 176, 213, 219, 221, 224, 250

ㅎ

할 일 목록 35, 37, 61~62, 69, 93, 172, 179, 241

행어 보드 210

향신료 82, 193~195

현관 104, 110, 112, 120~122, 125, 213,
    215, 228, 237, 242, 245~246

현관 수납장 120~123

현금인출기 영수증 58, 60, 63

협탁 125~126, 137, 139, 173

화장품 91, 137, 152~155, 189, 230

화재 감지기 133, 247

휴일 144, 218

A~Z

CD 78, 91, 96, 125, 174~177

DVD 26, 174~177

MP3 플레이어 175

독자 Review

정리할 사항들에 대해 지나치다 싶을 정도로 잘 정리하고 있다!
버릴 것, 판매 또는 기부할 것, 그대로 둘 것 등 정리에 관한 최소 원칙을 간결하고 친절하게
안내해준다. 덕분에 정리가 쉬워졌다.
김완수 / 40대 / 직장인 / wjecw@naver.com

아직 버리기가 망설여지는 물건들이 있다. 그러한 것들은 '몇 월 며칠까지 유효한 것!' 이라는
라벨을 붙여둘 생각이다. 그리고 그 기간까지 사용하지 않는다면 주저 없이 쓰레기통으로
버릴 것이다. 이 책을 읽는 독자라면 스스로에게 "살면서 인간과 가장 밀접한 관계가 있다면
그게 무엇일까?"라는 질문을 해야 할 것이다. 물건 정리보다 중요한 건 바로 나에 대한
정리가 아닐까?
김미정 / 20대 / 직장인 / snowdroup@naver.com

인생의 종착점에 왔을 때 사람들은 인생을 정리하기 시작한다. 그러나 짧은 시간 안에 모든
것을 정리하기란 쉽지 않다. 왜 사람들은 정리는 꼭 자기 생애 마지막에 하는 것일까? 이
책은 자기 삶을 시작으로 시간, 물건, 공간, 경조사 정리 방법까지 자세히 설명하고 있다.
저자가 준 친절한 팁을 읽고 자신에게 맞는 방법으로 매뉴얼화하여 나만의 정리시스템을
갖추는 게 중요하다. 이렇게 일주일, 한 달, 일 년 단위로 꾸준히 실행하다 보면 생의
종착점에 와서 인생을 정리하느라 허둥지둥 대는 일은 없을 것이다.
박찬규 / 20대 / 직장인 / skyca@naver.com

시간이 없는 현대인들이 반드시 읽어야 할 초간단 정리법! 정리 전문가들도 고심했던 고민거리들을 간단 명료하게 알려준다. 미국의 정리전문가인 제니퍼 베리가 생각한 공간, 시간 정리법은 바로 실천해도 좋을 만한 것들로 구성되어 있다.
— 정다운 / 30대 / 주부 / dawoonc@nate.com

이 책을 읽는 내내 착하고 친절하고 상냥한 친언니가 나와 함께 각각의 공간을 둘러보면서 평소 골치 아파하던 나의 공간을 함께 정리해주는 기분이 들었다. 내 인생에 있어서 어느 부분이 우선 정리가 필요한지 다시금 깨닫게 해준 책이다.
— 이윤희 / 20대 / 직장인 / kongnamul7@hanmail.net

2010년 국내 최초의 정리 컨설턴트 양성을 목표로 1년간 프로젝트를 진행하던 중 이 책의 원고를 읽어볼 기회를 얻었다. 지금까지 찾던 정리에 대한 구체적인 가이드라인을 제시하는 것이 너무 놀라웠다. 정리 컨설턴트 훈련생들에게 필독서로 지정될 만큼 좋은 책이 출간되어 기쁘다.
— 윤선현 / 30대 / 직장인 / verygoodceo@gmail.com

며칠전 아파트단지 내에서 서비스 일환으로 주방 클리닝 서비스를 받았다. 작년엔 침실매트 집먼지 클리닝 서비스를 받았는데 해마다 즐겁다. 피톤치드까지 아이방에 뿌려주다니……. 이렇게 클리닝 서비스를 받고날 때면 오랜시간 정리가 유지될 것 같아 마음이 가벼워진다.
〈정리 플래너〉는 친절한 정리의 기법과 유지하는 방법까지 알려주는 기특한 책이다. 모바일, 전자우편 등의 정리법과 인터넷 정보의 효과적인 관리법까지 알려주다니…… 나의 일상이 이보다 더 깔끔해질 수 있을까?
— pinkmam / 30대 / 직장인 / yeobi@chol.com

사람들이 물건을 버리지 못하는 이유를 콕콕 집어 '정리' 해 놓은 항목을 보고 뜨끔했다.
"이거 내 얘기잖아?"
그러고는 이내 위안이 되었다. '내 얘기만은 아니구나……'
그만큼 내용이 보편성을 띠고 있어 독자라면 누구나 공감과 안심, 반성, 의욕이
반복되는 것을 느낄 것이다.
정리해야 할 생활공간을 일주일 단위로 나눠 놓은 친절함 덕에 '내일부터 정리해야지' 하는
'이따가 이따가 병' 사람들이나, 어디부터 손대야 할지 막막한 사람 모두
따라 하기 참 쉽게 정리되어 있다.

웰빙, 로하스, 에코가 별건가.
'버려라. 다시 써라. 나눠라.
적을수록 행복하나니……'
그래. 오늘부터 시작이다. Organize Now!
- 이정진 / 40대 / 주부 / naziyo@hitel.com